写给中国儿童的名

苹果之父乔布斯

张芳◎主编

东北师范大学出版社

图书在版编目（CIP）数据

写给中国儿童的名人励志故事 / 张芳主编. -- 长春：东北师范大学出版社. 2019.8
　ISBN 978-7-5681-6147-3

　Ⅰ.①写… Ⅱ.①张… Ⅲ.①名人－生平事迹－世界－儿童读物 Ⅳ.①K811-49

中国版本图书馆CIP数据核字(2019)第180806号

写给中国儿童的名人励志故事

□主　　编：张　芳　　　□总 策 划：萌小芽童书
□责任编辑：魏　昆　　　□封面设计：盛世博悦
□责任校对：巴　娇　郑小媛　□版式设计：盛世博悦

东北师范大学出版社出版发行
长春净月经济开发区金宝街118号
邮政编码：130117
编辑电话：0431-84568044
邮购热线：0431-84568044
传真：0431-85695744　85602589
网址：http://www.nenup.com
河北赛文印刷有限公司制版
河北赛文印刷有限公司印装
涿州市刁窝镇泗平庄村平安路8号（072750）
2019年8月第1版
2019年8月第1次印刷
幅面尺寸：145mm×210mm
印张：40
字数：800千

定价：158.00元
如果发现印装质量问题，影响阅读，可直接与承印厂联系调换

前言

名人故事是名人一生经历的总结，可以点燃孩子心中的激情与梦想。许多伟大的历史人物，在青少年时期，确定自己的人生目标的时候，都曾经从名人身上寻找榜样，汲取动力。孩子在阅读名人故事的过程中，可以从名人身上吸取成功的经验，学习他们为获得成功养成的良好品质，以及面对困难时的积极、乐观的态度，以及刻苦努力、坚持不懈的精神，从而少走弯路，不断走向成功。

为此，我们特邀众多国内权威教育专家与一线教育工作者一起编写了这套《写给中国儿童的名人励志故事》。这套书精选了爱因斯坦、牛顿、贝多芬、居里夫人、富兰克林、爱迪生、霍金、诺贝尔、乔布斯和比尔·盖茨共十位极具代表性的国外名人，用生动、优美的语言详略得当地讲述了他们奋斗的一生。霍金虽身患重病但依然坚持科学研究、贝多芬不向命运低头、比

尔·盖茨用软件改变世界……孩子在这些名人故事中可以领略到不同行业的风景，获得人生智慧，感受名人魅力。

这套书不是简单地堆砌名人材料，而是选取他们富有代表性或趣味性的故事，以点带面，从而折射出他们波澜壮阔、充满传奇的人生和多姿多彩、各具特点的个性。另外，我们在每个章节后面，都设置了一个"成长加油站"，将名人故事与孩子成长过程结合起来，从而使孩子收获成长的养分；而"延伸思考"版块则根据章节内容，向读者提问一到两个问题，引导孩子深入思考，获得启发。

希望在这些名人的陪伴下，我们的小读者能够不断茁壮、健康地成长，成为一个对国家和社会有益的人！

目　录

第一章　"苹果之父"的降生 …………………… 1

第二章　从大学退学 …………………………… 8

第三章　印度之行 ……………………………… 13

第四章　创办苹果公司 ………………………… 20

第五章　苹果Ⅱ崭露头角 ……………………… 26

第六章　25岁的亿万富翁 ……………………… 33

第七章　"海盗"活动 …………………………… 39

第八章　"Mac"问世 …………………………… 45

第九章　被逐出公司 …………………………… 50

第十章　另立门户 ……………………………… 56

第十一章　皮克斯公司 ………………………… 63

第十二章　合作迪士尼 ………………………… 69

第十三章　堕落的苹果公司 …………………… 75

第十四章	重回苹果公司	81
第十五章	iMac 和 iPod	87
第十六章	iPhone 诞生	93
第十七章	斯坦福大学演讲	99
第十八章	病魔缠身	106
第十九章	最后时光	112
第二十章	与世长辞	118

第一章 "苹果之父"的降生

　　1955年2月24日，美国加利福尼亚州的旧金山市出生了一位男婴，他就是"苹果之父"史蒂夫·乔布斯。他的亲生妈妈是乔安妮·席贝尔，来自威斯康星州；亲生爸爸叫亚瑟·席贝尔。

　　乔布斯的亲生妈妈由于没有能力抚养他长大成人，所以决定给他找一对家庭殷实、受过良好教育的养父母。经过一番辛苦地寻找，她找到一对律师夫妇，但是当他们看到乔布斯是个男孩儿之后，就改变了注意——他们想要一个女孩儿。乔安妮只好另寻他路。恰巧有一对叫保罗·乔布斯和克拉拉·哈戈皮安的夫妇找到她，表示想要领养这个男孩儿。

　　经过了解，乔安妮拒绝在领养书上签字，因为这对夫妻的家庭条件不符合她的要求：克拉拉的工作是记账员，而保罗只是一名机械工。夫妇二人表示，他们一定会对他像自己亲生孩子一样，让他接受良好的教育。乔安妮被他们的真诚打动，做出了让步。就这样，乔布斯有了一个新的家庭。

　　保罗·乔布斯在威斯康星州长大，退学之后成了一名机

械工。

在一个偶然的机遇下,他与克拉拉·哈戈皮安相遇,很快两个人就生活在一起了。

保罗和克拉拉婚后生活很幸福,可是一直没有孩子。收养乔布斯之后,他们并没有说谎,对这个小男孩儿十分疼爱,克拉拉会花很多时间陪伴乔布斯阅读、识字,保罗也会在工作不忙的时候陪伴他玩游戏。

保罗和克拉拉并不想向乔布斯隐瞒他是被领养的事实,所以,乔布斯在很小的时候就知道自己是被领养的。

6岁的时候,他和邻居家一个小女孩一起玩耍,和她说起自己的身世。小女孩儿吃惊地问道:"这是不是说明,你的亲生父母不要你了?!"

乔布斯的心瞬间像是被一道闪电击中,哭着跑回家。保罗知道后,严肃地对他说:"你是我们挑选出来的,并不是被遗弃的!"

养父母的呵护抚平了他内心的伤疤,但亲生父母的遗弃还是对他造成了一定的影响。后来,和乔布斯关系很好的格雷格说:"他想控制外界环境,这是他亲生父母对他的遗弃造成的伤害。"

但乔布斯否认这一点:"有人认为我努力工作,只是想让当初抛弃我的亲生父母后悔,并不是这样。虽然我是被领养的,但是我从没感觉自己是被抛弃的。"

第一章 "苹果之父"的降生

1960年,保罗·乔布斯换了一份新工作,居住的环境有了很大改善。他对电子产品的痴迷深深感染着小乔布斯。他经常对儿子说:"想要制作出一件完美的东西,就要把它每一个零件做好,即使隐藏在看不见的地方,也要做得精致!"

搬到新家后,小乔布斯在蒙塔·洛马小学读书了。可是,学校生活让小乔布斯感觉枯燥,他似乎对上学不感兴趣。他的性格孤僻、叛逆,喜欢搞恶作剧,上课不专心听讲。

有一次老师对他说:"如果你能按时完成家庭作业,我就给你糖果。"结果,乔布斯为了得到糖果,整个学期的学习量超出了以往的几倍。

乔布斯的新家在美国山景城。二战之后,电子工业盛行,保罗·乔布斯家附近住着几位电子工程师朋友。乔布斯经常在大人那里搜集自己喜欢的电子产品当作玩具。

童年时期的乔布斯没有多少玩伴,他常常把家里的收音机、电视机等家电零件拆卸下来,再重新安装,再拆卸,再安装,不厌其烦。他常常对这些小零件充满好奇,想要知道其中的奥妙。

有一次，保罗把乔布斯叫到自己的工作台前，对他说："从今天开始，这里就是你工作的地方，我的工具你随便用，想做什么就做什么。"让保罗没有想到的是，乔布斯可以做出任意一样他想要的东西。

保罗·乔布斯对工作的细致深深影响着乔布斯日后对电子产品的要求。在这段时期里，乔布斯第一次接触到了电子设备。

乔布斯在11岁的时候，全家搬到了帕洛阿尔托市，进入库比提诺中学读书。喜欢恶作剧的乔布斯和同学们关系紧张，但是有一个人和他关系非常好，他的名字叫费尔南德斯。费尔南德斯和乔布斯一样喜欢调皮捣蛋，不受老师和同学们的欢迎。两人有一个共同的爱好：沉迷电子学。这个爱好让两个人成了形影不离的好朋友！

乔布斯和费尔南德斯想共同发明一样新的电子产品。他们经常寻找废旧的电子元器件，再找一间废旧的仓库做实验基地，一切准备就绪后，他们就开始"实验"了。

乔布斯读高中后，和大多数被遗弃的孩子一样，乔布斯始终觉得是自己不够优秀才会被抛弃的。出于这样的想法，乔布斯变得越来越放纵，他的性情开始变得怪癖，觉得在别人面前抬不起头来，甚至开始吸毒。保罗和克拉拉为此遭受了很大的心理折磨。就算是这样，他们还是没有放弃对乔布斯的关怀和爱。

第一章 "苹果之父"的降生

1970年，乔布斯15岁。费尔南德斯对乔布斯说："你应该和沃兹见一面，他就住在我家隔壁，和我们一样喜欢电子学！"

费尔南德斯的家对面住着一位电子工程师，名字叫杰里·沃兹尼亚克，他的儿子沃兹比费尔南斯德大5岁，也是一个电子迷。费尔南德斯一有电子方面的问题，就跑去沃兹家请教。沃兹的父亲会给他们两个讲解电子方面的知识，两个孩子听得津津有味。

沃兹对学业方面没什么兴趣，他把大部分时间和精力都放在了电子学上。聪明又勤奋的沃兹积累了很多科技知识，并且开始动手尝试无线电接收设备的实验。

乔布斯一开始并不以为然，他觉得自己的能力和沃兹不相上下。直到有一天，沃兹设计的个人电脑诞生了！这项实验惊动了当地媒体，媒体大篇幅地报道了这件事情，甚至还在报纸上印出了沃兹的照片。看到报道之后，乔布斯才看清自己真正的能力有多少。他很快参与到电子学实验当中来。

从此，他们三个经常在一起研究各种各样的电子产品。

在乔布斯眼里，沃兹是一个非常聪明的人，是典型的电脑极客。他从心底里佩服沃兹。

电子产品成了乔布斯生活的主旋律，时间一长，那些叛逆的举动也就远离了他的生活。高中的后两年，乔布斯完全沉浸在电子世界。除此之外，他还喜欢文学和音乐。他最喜欢的小说是《白鲸》。有人猜测,乔布斯之所以喜欢《白鲸》,是因为主人公执拗的精神和他一样,但他一直否认。

1971年,沃兹在《君子》杂志上看到一篇有关《蓝匣子的秘密》的文章。一群被称为"电话黑客"的人利用科技手段破解了电话系统的密码。有了它,人们可以随心所欲地打通世界各地的电话,并且一分钱都不用花。沃兹给乔布斯看了这篇文章后,乔布斯当即决定——制作一个这样的装置。

两个人快速进入到实验中,制作这个神秘的"蓝匣子"。最开始,他们尝试了各种方法,屡屡失败。但是这并没有打消两个大男孩儿的念头。终于,经过他们坚持不懈的努力,这个装置终于被做出来了!两人激动得一夜未眠。

在制作的过程中,乔布斯从中看到了商业价值。他找沃兹商量:"如果我们把蓝匣子推销出去,说不定可以赚很多钱。"在一番考虑下,志同道合的沃兹决定和乔布斯共同售卖。沃兹负责生产,乔布斯负责销售。

一个蓝匣子的成本是40美元,出售价格是150美元。这些产品主要卖给大学生,并且每一个产品都附赠一张卡片,卡片上

写着"全世界掌握在你手中"的宣传语。

从这件事就可以看出,乔布斯从小就是一个很有商业头脑的人,知道如何建立良好的口碑,并懂得顾客心理。

成长加油站

父母身上的一些优良品质会潜移默化地影响孩子并将伴随孩子一生。乔布斯养成细心的好习惯,是受到养父保罗·乔布斯的影响。在生活中,父母要言传身教,以身作则,为孩子做一个良好的榜样。父母要知道,给予孩子的不仅只是物质条件上的满足,还有那些美好的精神品质。

延伸思考

1. 保罗·乔布斯身上的哪些良好品质影响到了乔布斯?

2. 你认为乔布斯是聪明的孩子吗?为什么?

第二章 从大学退学

在很短的时间里,两个人卖出了100多个蓝匣子,挣了不少钱。乔布斯看销量不错,就把150美元涨到了160美元。但是好景不长,电话公司开始调查盗打电话的现象,乔布斯和沃兹差点被捕,毕竟这种行为是违法的。两人不得不终止这项生意。

在售卖蓝匣子期间,乔布斯经常到斯坦福大学和伯克利大学,但两所学校的氛围却并没有吸引他,他偏偏就喜欢上了以思想氛围自由出名的里德学院。

里德学院创建于1908年,是一所私立学校,并且学费高昂。距离俄勒冈州波特兰市有15分钟的车程。乔布斯高中毕业后,选择在这里读大学。

最初,乔布斯并不想读大学,他想要去纽约工作。但是保罗和克拉拉坚持要他去,因为在领养他的时候,他们向乔安妮做出承诺,让他得到良好的教育。

保罗曾说:"就算没有这个承诺,我们也要让他去读大学。因为他很聪明,应该激发身体里的潜能,不然就太可

惜了。"

里德学院规模不是很大，但学风自由，和乔布斯个性很像。这大概是乔布斯选择这所学校的理由之一。开学时，保罗和克拉拉开车送他到学校，但是乔布斯却不想让他们进校园。后来乔布斯回忆："对这一行为我非常后悔，因为我伤害了他们的感情。当时我只是不想让别人知道我有父母。"

大学时期，乔布斯没有任何改变，依然特立独行，不参加团体活动，朋友和以前一样少。和乔布斯关系最好的朋友是丹尼尔·科特基，他和乔布斯一样喜欢佛教禅宗。他们常常结伴去图书馆看书。乔布斯对禅宗的兴趣并不是心血来潮，佛教深深影响了乔布斯。

大学一年级时，乔布斯无意中读了一本书，它叫《一座小行星的新饮食方式》，里面歌颂素食主义对身体的好处，从此乔布斯就开始吃素。他连续几个礼拜都只吃固定的几样食物，比如苹果和胡萝卜，甚至对自己进行催吐和禁食。

科特基也和乔布斯一样开始吃素。科特基表示："乔布斯比我陷得要深，我们去农民合作社买东西，他会买够一周的麦片量，再买一些杏仁和椰枣。这些就是他全部的食物。"

乔布斯对里德学院的兴趣一天天减少。学院要求学生必须读《伊利亚特》和《伯罗奔尼撒战争史》。但是这两本书

都不是乔布斯喜欢的，他喜欢未来多过历史，老师推荐的书的内容不合他的个性。学院的硬性规定让乔布斯感到枯燥无聊，没有了学习的目标和动力，乔布斯很快就厌倦了大学生活。

有一次，沃兹来到里德学院。乔布斯对他说："学校逼迫我们上这么多没用的课"。

"没错，大学就是这样。"

沃兹发现乔布斯不去上必修课，只上自己感兴趣的课程，比如舞蹈课。

用乔布斯的话来说："舞蹈课可以享受艺术。"

由于种种原因，乔布斯做了一个重大的决定——从里德学院退学。但是这一决定让他有深深的负罪感。

"我到里德大学读书的费用几乎是我父母毕生的积蓄。"后来，乔布斯在一场演讲中说道："我不知道上大学会如何实现人生目标，也不知道自己要干什么，所以我带着负罪感退了学。但是我坚信，未来的一切都会顺利。"

从里德学院退学后，乔布斯并没有离开学校。为了省钱，他借住在同学的宿舍，晚上睡在地板上。他甚至去捡5美分的可乐瓶，卖掉之后换成钱，用来填饱肚子。

每个周日，乔布斯都会走7公里的路，到一个教堂领取免费的食物，只为了吃上一顿饱饭。

乔布斯曾说："你不可能在向前展望的时候，把这些片

段连起来，只有回顾的时候才能连起来。你要相信有些东西会在你未来的某一天连接起来，比如：追求、自信、勇气。这些东西会让生命更加与众不同。"

虽然退学让乔布斯感到不安，但让他兴奋的是，他拥有了大把的时间用来学习自己喜欢的东西！乔布斯对艺术类的东西非常感兴趣，他喜欢学校的海报，海报上的字体不仅漂亮，而且很有美感。他对美有惊人的直觉，越是感受到美，越是对那些丑陋的东西难以忍受。

乔布斯按照自己的兴趣去旁听书法课和美术字课程，在书法课上，乔布斯学会了无衬线字体和衬线字体。当时，他不仅自己研究出漂亮的英文印刷样式，还给自己设计了一个小小的签名。后来，这个签名跟随了他一生。

乔布斯喜欢艺术，又热爱着电子产品，与此同时，他深深沉迷于禅宗。随着时间的推移，他慢慢成了里德学院的边缘人物，过着自由不羁的生活。需要钱的时候，他就去实验班做兼职，主要工作就是维护那些用于动物行为实验的电子设备。

这段时间里，乔布斯对禅宗越来越痴迷，下定决心要去

印度走一走，亲自感受东方宗教的精神气息和文化，验证自己的猜测，满足自己的需求。

在退学后旁听的这段时间，乔布斯想明白一件事情：赚钱是次要的，他要创造一项伟大的发明。在想明白这些事情之后，乔布斯决定离开里德学院去印度。由于没有资金，他决定先去打工，攒一笔钱。

成长加油站

实现目标的过程中，会遇到很多意想不到并且非常辛苦的事情。在做任何决定之前，要想明白自己真正想要的是什么。乔布斯虽然退学，但他并没有松懈自己，而是坚持去旁听自己喜欢的课程。真正喜欢一样东西，并不只是在口头上说说，而是要尽全力去追求。兴趣是最好的老师，让人愿意为之付出努力，不怕吃苦。兴趣对人生规划起着重要的作用。清楚自己的人生规划，会更快地走向成功。

延伸思考

1. 为什么乔布斯从里德学院退学？

2. 乔布斯在退学之后做了哪些事？

第三章　印度之行

雅达利公司开发了一种新装置——电子游戏乒乓球。这款游戏一出，立即受到很多人的喜爱，玩游戏的人越来越多，游戏的线路开始发生阻塞的现象。公司老板为此对外招聘一位电子机械师，并在招聘简章上标明了非常着急。

乔布斯恰巧看到了这个招聘，他觉得这个招聘简直就是为自己量身定做的。他下定决心要为雅达利公司解决这个问题，于是，他毫不犹豫地去报名了，并决定要以一鸣惊人的方式赢得这份工作。

应聘那天，公司的人事主管觉得乔布斯有些怪异，并不打算录用他。

"我们这里报名人数已经满了。"人事主管说道。

乔布斯当然猜出了他的心思，于是他开口："我要应聘这个职位。要么你让警察把我带走，要么就直接雇用我，你们只能二选一。"

公司人事主管听完乔布斯的话，自知没有理由让警察把他带走，只能把他领到公司首席工程师阿尔·奥尔康那里。

本以为领导会打发乔布斯走，但是让人事主管没有想到的是，领导竟然意外地把乔布斯留了下来。

奥尔康并没有对穿着破旧衣服的乔布斯表现出半点反感的样子，反而对他产生了浓厚的兴趣。因为他在乔布斯的眼睛里，看出了乔布斯对工作的热情和期待。就这样，乔布斯成了雅达利公司的一名员工。

乔布斯正式上岗之后，成为公司的技术人员。每小时的酬金是5美元。但是，时间不长，乔布斯不拘小节的秉性就暴露了出来，同事和上司都没有办法忍受他的放荡不羁，所以他多次被同事投诉。

公司里的工程师名叫唐·朗，他尤其对乔布斯感到不满。他很聪明，但是性格有一些保守，所以他非常不能忍受乔布斯自由散漫的个性。唐·朗找到公司同他一样对乔布斯感到不满的人，联起手来想要把乔布斯赶出雅达利公司。

而奥尔康见识到了乔布斯过人的长处，他并不想让乔布斯离职，因为他在乔布斯身上，发现了一种别人所没有的哲学气质。所以他想到了一个办法，那就是让乔布斯在晚上工作，白天休息。这样，乔布斯既不会遭到同事的投诉，也不会面临被辞退的可能。

1974年，乔布斯已经有了一部分积蓄。一心想要去印度的他，主动找到奥尔康提出了离职，希望能用这笔钱顺利地到达印度。

乔布斯走进奥尔康的办公室，说道："我最近想要去印度寻找我的精神导师了。"

奥尔康听后大笑着说："不会吧！太棒了！记得给我写信。"

"我希望你给我支付一笔费用，供我在路上使用。"

奥尔康不可思议地说道："你在做梦吗？"

乔布斯没有说话，奥尔康开口："这样吧，我有一个好主意。公司现在在生产一些配件，准备运往慕尼黑进行组装，组装完成之后由批发商负责配送。"

乔布斯一心想要去印度，但是他手里没有足够的钱去印度。他知道老板在向他提出条件，但是不管怎样，他都要接受。

奥尔康继续说着："现在面临的一个问题是，因为游戏市场是美国设计的，帧频是每秒60帧。欧洲是每秒50帧，如果你从慕尼黑路过的话，费用会花得少一点。"

乔布斯点头同意。奥尔康又说："公司在德国的游戏市场上出了点问题，你在两个小时之内把这些问题解决了，我就让你走。"

让他没想到的是，乔布斯真的在两个小时之内解决了问题。

就这样，他踏上了去往印度的路。乔布斯先是来到了慕尼黑，解决了游戏机的冲突问题。在这里，他把一个德国经

理搞得很恼火。

德国经理给奥尔康打电话,向他抱怨说:"你们公司的这位员工,他的穿着打扮简直就像一个流浪汉!这还不算什么,重要的一点是他的举止非常粗鲁。"

奥尔康问道:"他解决了问题没有?"

"解决了。"德国经理回答。

"下次你们再有什么问题,尽管给我打电话!"奥尔康说道:"我们公司还有很多像他一样的人。"

德国经理回应:"不用了,下次有问题我会自己解决的。"

与此同时,乔布斯对德国经理也是非常不满意。他在给奥尔康打电话时说道:"这个德国人总是让我不停地吃土豆和肉!他们根本就没有素食这个观念!"

乔布斯继续前行。他乘坐火车来到了都灵,见到了批发商。批发商对乔布斯很好,每天晚上他都带着乔布斯去一家饭店吃饭。

这家饭店有八张桌子,没有菜单,批发商让乔布斯自己点菜,他想吃什么,饭店的后厨就会给他做什么。直到后来

乔布斯想起在都灵的日子，都会忍不住夸赞道："我在都灵度过了非常愉快的几个星期，这是一座充满活力的城市，当然这里的老板也非常棒！"

接着，乔布斯又继续前行抵达了印度。刚一下飞机，他就感到阵阵热浪迎面而来。没过多久，乔布斯就得了痢疾病，短短一个星期，体重从160磅掉到了120磅。

印度北部城市赫尔德瓦尔是一座很有历史韵味的城市，有许多具有印度风格的神庙，风格迥异。乔布斯来到这里的时候，正赶上12年一次的"大壶节"。大壶节源自印度古老的传说，在节日当天，印度教徒们在恒河沐浴，洗掉旧日的罪孽。

百万人头攒动的苦行僧满身尘土地从喜马拉雅走进恒河里面进行洗礼。乔布斯看到这个场面时完全惊呆了，在没有防备的情况下他就被人剃光了头发。

乔布斯坐火车来到了喜马拉雅山脚下，想要去见尼姆·卡洛里大师。得知大师已经去世之后，乔布斯黯然伤神。

他在当地租了一个房间，住了下来。无意中，他在床垫下面找到了一个之前的旅行者留下来的一本书——《一个瑜伽行者的自传》。于是，闲着无聊时乔布斯就读书，一遍一遍地读。让他意想不到的是，自己的病居然好了起来。

有一天，乔布斯到外面去逛。突然看到一个正在摘草药

苹果之父乔布斯

的人，乔布斯主动上前打招呼。

"你好！我叫乔布斯，你呢？"

"我叫拉里·布里连特。"那个人回道。

两个人就这样相识了。在聊天的过程中，乔布斯得知布里连特是一个流行病学家，他到这里是为了静修，他还为印度根除了天花。

在接下来的时间里，两个人漫无目的地晃悠。乔布斯已经放弃了寻找智慧大师的念想，他想要通过体验来寻找生命的启蒙。

19岁的乔布斯在最炎热的季节里到印度旅行，而这次体验也丰富了他的精神世界，把他的思想带到了一个新的高度。

他本以为这里的人们个个都是精神愉悦的，可是在印度村庄待了7个月之后的乔布斯发现事实并不是这样的，这里的贫穷与落后随处可见，痛苦的表情刻在人们的脸上。

正是通过这些所见所闻，乔布斯意识到科技与商业的重要性。回国后，他减少了对人生意义的探索，而是选择为自己的科技事业奋斗。

1975年，乔布斯结束了印度的旅行生活，回到了美国。回到家之后，乔布斯每天早上和晚上都会冥想和禅修。他白天去斯坦福大学旁听工程学，晚上去雅达利工作。

成长加油站

一个人要明白自己的能力和价值所在。一旦有了可以一生追求的目标,就要不顾一切地坚持下去。世上最快乐的事,莫过于为了理想而奋斗。有理想的人,生活总是火热的。乔布斯虽然退学独自去了印度,但是这趟印度之行给他带来了精神上的洗礼,这是在学校里面学不到的。

延伸思考

1. 乔布斯是如何攒足去印度的费用的?

2. 乔布斯从印度回来之后为什么受到了很大的震撼?

第四章 创办苹果公司

没过多久,雅达利公司计划新出一款名叫《乒乓》的电子游戏。乔布斯冒着风险接下了这个任务。

乔布斯正式开始了白天休息,晚上工作的作息时间。所以,乔布斯在晚上的时候就带着他的老朋友沃兹来到公司,让他可以玩免费的竞技游戏。

"你帮我完成游戏的开发工作,我为你提供免费的游戏。"乔布斯对沃兹说。

"好,就这样定了。"沃兹心里明白免费的竞技游戏是有报酬的,而这个报酬就是替乔布斯完成游戏的开发。

沃兹开发电子游戏的能力要比乔布斯高很多,这一点乔布斯也承认。

就这样,沃兹和乔布斯在深夜里开始了一场"秘密交易。"

最后,这款《乒乓》竞技游戏全新上市,雅达利公司给了乔布斯700美元。乔布斯拿着钱找到沃兹。

"这款竞技游戏已经上市了,我得到了700美元!"乔布斯

说道："这里有你的功劳,我不会一个人独享这笔钱的。"

于是,乔布斯拿出700美元,慷慨地给了沃兹一半!

乔布斯在印度旅行时,沃兹正在惠普公司当工程师,做电子项目。并且在空余的时间研发了专属于自己的一台电脑。

1975年1月,第一台个人计算机"牛郎星"诞生。说起"牛郎星"就要提到爱德华·罗伯茨。他原来是一家小公司MITS的老板,销售大型的台式计算器,日子过得悠闲自在。

可是就当他沉浸在自己幸福的小日子时,德州仪器公司闯进了计算机市场。MITS公司的市场一下子被抢了,瞬间就陷入即将破产的局面。不仅如此,罗伯茨本人也欠下了25万美元的巨款。

面对眼前这种情况,罗伯茨并没有被打败,他重新调整姿态,开始了"二次创业"。在寻找商机的过程中,罗伯茨突然想到,现在的人们开始使用电脑,可是这种台式的大型电脑如此不方便,为什么不制作一种能够随身携带,但是使用方式还是同电脑一样的机器呢?

当时的英特尔公司推出了一款8080微处理器,罗伯茨毫不犹豫地买下了1000块。当时的8080微处理器的市场反应并不是很好,而此时罗伯茨一次性购买这么多数量,对英特尔公司来说无疑是雪中送炭。

最后,原价359美元的8080微处理器,以每块75美元的价格卖给了罗伯茨。罗伯茨一边研究计算机,一边联系新闻媒体,想要打响公司知名度。

正巧的是,《大众电子》杂志一直在寻找独家新闻,索罗门是这家公司的编辑,他看了罗伯茨的设计方案,觉得这是一条能够吸引人们眼球的新闻。

索罗门回到家之后,忍不住向12岁的女儿征求意见。他对女儿说道:"你觉得一种新型电脑要是起名字的话,什么样的名字会吸引你的注意呢?"

12岁的小姑娘正在看动画片,随手指了一下电视中的科幻影片《星际迷航》中正在向牛郎星飞行的宇宙飞船说道:"牛郎星!"索罗门当时就定下了这个名字,就叫"牛郎星"。

罗伯茨的电脑就这样被起了名。"牛郎星"一经上市,就卖出了2000台,完全超出了罗伯茨的预算,他最初的预算只有800台。

沃兹和乔布斯看了这台电脑之后,心里都有一个愿望——设计一台更完美的计算机。

1975年末,在乔布斯和沃兹的努力之下,他们设计的第一台电脑终于诞生了!

乔布斯兴奋地说道:"计算机俱乐部的人们看到我们制作的这台电脑会有什么反应呢?!想想就很高兴!"

"是啊!"沃兹说道,"迫不及待想知道他们看到这台电脑的样子。"

和两个人预想的一样,当他们把电脑拿到俱乐部时,立马引起了很大的躁动。人们蜂拥而至,想要一睹电脑的风采。乔布斯看到这种情形后,心里已经算好了这台电脑的卖价。

第四章 创办苹果公司

1976年，乔布斯一次又一次地和沃兹说起他对未来的商业规划，他想要和沃兹开一家属于他们自己的公司。沃兹则比较冷静，他心里明白，他们都没有管理和运营公司的经验，创办公司不是那么简单的事情。

沃兹找到惠普公司的高层，向他们询问了一下生产电脑的意见。结果惠普的想法和他一样，对这种刚刚诞生的电脑不是很有信心。和沃兹吃了闭门羹一样，乔布斯也被雅达利公司拒绝了。原因是他们正在推广另一款新上市的游戏，不同意乔布斯提出的想法。

乔布斯并不死心，他有百分之百的信心，他认为成立新公司之后一定会赚很多钱。他一次又一次地找到沃兹，向他说明自己的想法和观点。在乔布斯持之以恒的劝说之下，沃兹终于同意了和他成立公司的决定。

就这样，乔布斯和沃兹开始创建自己的新公司，生产电脑。

韦恩是雅达利的首席游戏工程师，乔布斯单独找到他，向他说明了来意。并且把自己成立公司的理念和对未来的商业规划和韦恩讲了一番。终于，在多次的劝说之下，韦恩同意了乔布斯的邀请，参与到新成立的公司里来。三个人很快就投入紧张的筹备当中。

新公司成立之后，首先想到的就是起一个名字。

沃兹问乔布斯："在名声打

苹果之父乔布斯

出去之前，我们要给公司起一个名字，你觉得叫什么比较合适？"

乔布斯随口说了一句"苹果"。

就这样，1976年4月1日，苹果公司诞生在乔布斯养父母的车库里。

三个人刚刚组建的新公司，除了"苹果"这个名字以外，一无所有。他们把自己所有的积蓄拿出来还是不够用。公司没有资金就不能正常运行下去，乔布斯卖掉了自己心爱的白色大众汽车，沃兹也处理掉了惠普科学计算器。

乔布斯找到费尔南德斯："苹果公司刚刚成立，我们需要你的帮助。你要不要加入进来？"

费尔南德斯知道后，非常激动，毫不犹豫地同意了乔布斯的请求。就这样，他们的团队又多了一个人。乔布斯负责公司财务，沃兹负责生产工作。他们热情地投入工作当中去。

不过好景不长，韦恩觉得自己投入的资金可能存在打水漂的风险，所以，经过11天的考量，他退出了苹果公司。虽然有人退出，但是乔布斯和沃兹仍然有信心。

沃兹制造了一款电路板，他把这款电路板拿到俱乐部去，对俱乐部的人员进行解说和展示。乔布斯在一旁观看，他发现俱乐部的成员对这款电路板并不是很感兴趣，他们只对成品电脑有兴趣。

回到公司，乔布斯和沃兹把电路板和其他器材组装成了一台电脑。他们拿着电脑四处推销，但是得到最多的是别人

的白眼，他们并不知道这个东西有没有用处。

乔布斯凭借着自己的口才和精彩的演讲，终于打动了一个人。这个人是一家计算机店的店主，他以500美元一台的价格订购了50台计算机。这时的乔布斯对产品的设计完全没有经验，这50台计算机只是一块光秃秃的电路板，十分简陋。他不停地和店主解释，这些计算机虽然外观不是很好，但是性能很强。最后在他的再三地劝说下，店主接受了这批货。

成长加油站

乔布斯冒险接下了雅达利公司新出版的一款游戏的开发工作，利用合作的方式使这款游戏成功上市，并且获得了第一桶金。他并没有为得到金钱而满足，而是想要开发更完美的产品，之后与朋友合伙创办苹果公司。只有不怕失败，坚定目标，才能得到自己想要的东西。在做事的过程中，不仅要考虑事件的成本和风险，也要观察这件事在未来的发展。

延伸思考

1. 乔布斯是怎么挣到第一桶金的？

2. 乔布斯是如何创办苹果公司的？

第五章 苹果Ⅱ崭露头角

乔布斯想来想去，决定把这批货进行包装。他和沃兹还有费尔南德斯三个人，给这些简陋的计算机安装上了漂亮的木质外壳。

果然，改头换面的计算机很快就售空了。乔布斯和沃兹得到了3000美元的收入。这是苹果公司打响的第一炮。这笔不菲的收入更加坚定了他们的信心，他们开始小批量的生产，用来维持公司的运营。

计算机形势飞速发展，苹果Ⅰ问世之后。沃兹并没有因为取得到的一点成绩而沾沾自喜，而是更加快速地增加了前进的脚步。

终于，1976年的夏天，沃兹研究的个人电脑有了突破。苹果Ⅱ的彩色输出接口被轻松搞定了。乔布斯和沃兹满怀激情地参加了首届个人电脑节。

乔布斯花了很多的钱在展览会上租了一个最好的位置。这些钱并没有白花，苹果Ⅱ的样机出现在展览会上，就立马吸引了大量人的眼球。它精致的外形和小巧的体积博得了人

们的喜爱，携带方便，操作简单更是符合大众胃口。

　　在这届电脑节的展览会上，乔布斯签下很多订单，合同像流水似的一份份传来。

　　实际上，苹果Ⅱ的问世并不是看上去的那么简单。因为它具有非常多的优势，所以在制作生产的过程中，需要大量的流动资金，所以乔布斯找到一位名叫瓦伦丁的投资人。瓦伦丁考察了苹果公司，最后还是没有给乔布斯投资，但是他给乔布斯介绍了另一位投资人，名叫迈克·马库拉。

　　乔布斯邀请马库拉到苹果公司来参观，并向他介绍了公司内部的现状和未来规划。最后，马库拉向乔布斯提议，他们一起制作一份详细的商业计划书。

　　没过多久，计划书出来以后，马库拉用个人财产为担保，把它交给了美洲银行。这样一来，苹果公司就得到了25万美元的贷款和马库拉9万美元的投资。

　　马库拉把国家半导体行政公司的主管迈克·斯科特带到了公司，让他担任苹果公司的首席CEO。沃兹担任技术总裁，乔布斯担任董事长。苹果公司进入了全新的阶段，正式运营起来。

　　沃兹利用时间制定苹果Ⅱ，乔布斯尝试给苹果Ⅱ制作新的外壳，让它看起来更加美观，而且他没日没夜地和工程师们在一起研究计算机散热的方法。整个公司的员工都忙起来。

苹果之父乔布斯

首届的计算机交易就要开始了。苹果Ⅱ刚刚露面就被人们团团围住,这款电脑以1298美元的高价登上了首届计算机交易会的舞台。在乔布斯意料之外的是,在短短的几个月的时间里,就获得了300份订单。

苹果计算机的销量直线上升。1977年底,销量达到了2500台,1981年,竟然达到了21万台。在这期间,各种新闻报道席卷而来。1980年的《华尔街日报》刊登了乔布斯的巨照,并在上面写着"苹果电脑是21世纪人类的自行车"。

乔布斯在这个时候明白一个道理:让公司屹立不倒的只能是产品的成功。于是,他争取做最大最强的公司,把苹果公司不断上升到一个其他的公司无法触及的高度。

马库拉是一位洞察力敏锐的专家,在他的推动下,苹果公司成了个人计算机市场的老大,就连电子科技领域的"蓝色巨人"的IBM都很羡慕苹果的成功。

乔布斯受到马库拉深刻的影响,苹果公司在计算机行业成为老大地位,计算机真正走入了每一个家庭。

乔布斯此时负责苹果Ⅱ的包装和理财。他心里明白,不管苹果计算机的包装

如何变化，人们都只是记住了沃兹这个名字而不知道他是谁。乔布斯不甘心，他要制作一个真正属于自己的电脑，让全世界的人都知道他的名字，让全世界的人都知道苹果公司除了沃兹，还有另一个天才。

乔布斯把希望寄托于苹果Ⅲ，他想要通过苹果Ⅲ让人们记住自己的名字。他完全投入到工作中，把苹果Ⅲ的内存做得更大，屏幕上显示的字符由40增加到了80，他想要把计算机制作得更加不一样，又在里面加上字母大小写的功能。

在外形上，乔布斯也做得非常严谨，尺寸和大小都是自己说了算，绝对不允许外人改动。他对自己的设计非常有信心。

1980年5月，乔布斯终于等到了苹果Ⅲ的全新上市。但让他没有想到的是，随之而来的是苹果Ⅲ的滞销。被称为"蓝色巨人"的IBM商业在市场上的地位把苹果Ⅲ计算机压了下去，苹果计算机开始大幅度减少销量。

乔布斯仔细研究其中的原因，他发现自己犯了一个严重的错误。在制作苹果Ⅲ的过程中，他忽略了成本的控制，只顾着追求技术，导致成本达到了上万美元。所以，才会发生市场冷遇的现象。

在仔细冷静分析之后，乔布斯并没有因为眼前的问题而慌乱。他要重新全身心地投入到设计当中。他从惠普公司雇来了两名工程师，准备设计一个功能超越以前的新型电脑，这个电脑所有人都没有见过，他要让人们为这台电脑眼前一

亮。并把这款电脑取名为"丽萨",是他女儿的名字。

1978年,乔布斯和他上高中时交往的女朋友生了一个女孩儿,这个女孩儿就是丽萨·布伦南·乔布斯。但是后来乔布斯却一直对外拒绝承认自己是丽萨的亲生父亲,甚至在法庭上,乔布斯称自己没有生育能力。

普·霍金斯刚刚获得工商学院的硕士学位,就接到了乔布斯的邀请。乔布斯请他到苹果公司担任市场的开发。当时的乔布斯对"丽萨"的研发非常执着,并对霍金斯说了自己的想法。

霍金斯给乔布斯提出了建议:如果想要达到预想的目标,要参照惠普公司的电脑系统,成本会提高很多,但是生产出来的东西的性能会非常高,这样有利于市场。

施乐公司建立在帕洛奥图的研究中心,汇集了很多计算机精英。施乐公司的所有信息都是对外高度保密的,只有少数身份特殊的人才能来到这里参观。

为了能去参观,乔布斯抛出了苹果公司100万美元的股份作为条件。允许他或者他公司的员工进入到施乐公司,如果看中了它的研发技术,那么这100万美元的股份就归施乐公司所有。

利用这个条件乔布斯进入了这个研究中心。施乐公司也有自己的打算——想利用个人计算机领域的突破和苹果公司合作,共同研发出便宜的个人电脑。实际上,乔布斯对合作

根本没兴趣，他只想研发出以他的名字推广的电脑。

1979年11月，乔布斯和计算机专家比尔·阿特金森来到施乐公司进行参观。在参观的过程中，有一位工程师向他们展示了一台电脑样机，名字叫Alto。乔布斯和比尔·阿特金森发现，这台电脑的显示器的指令能通过手指的拨动进行控制。

接着他们发现这台电脑还有很多以前从来没有见到的功能，比如：屏幕上出现一个小东西能通过手的移动来控制插入点。这就是鼠标的最初雏形。

在整个过程中，乔布斯目不转睛地看着施乐公司的人进行各种操作。最后，他控制不住情绪大声说道："这种技术实在是太了不起了！简直就是革命性的技术，你们为什么不把这些惊人的技术运用到产品开发中去呢？"

参观完施乐公司之后，乔布斯满怀信心地回到苹果公司，和公司的领导层的人开了一个会。他们决定将"丽萨"进行转型，以Alto为标杆，把所看到的施乐公司的那些先进技术都复制在"丽萨"身上。

会议定下来之后，乔布斯找到施乐公司的领导层。在交谈中，双方签订了合约：施乐公司以100万美元的价格购买了苹果公司的股票，乔布斯获得了施乐公司Alto的核心技术。

双方对这次合作都非常满意。从长远来看，苹果公司在合作中获益更多。

苹果之父乔布斯

得到技术之后,乔布斯便开始督促员工更加拼命地工作,他一心想把电脑屏幕上的图像用户界面、局域网、重叠窗口和菜单等应用,全部放在"丽萨"上。

成长加油站

想要完成一件大事,在付出行动的过程中不能一味只想着追求的东西,而是要多方面考虑。避免在项目的过程或结果中,出现不必要的意外。想要获得多大的成功就要承担多大的风险。如果总是缩手缩脚,不仅不会成就大事,甚至可能会平庸一辈子。在创业的过程中,乔布斯不仅付出了很大的努力,而且也承担着巨大的风险,只有这样的人,最后才能取得成功。

延伸思考

1. 苹果Ⅱ计算机为何取得如此巨大成功?

2. 在制作苹果Ⅲ计算机的过程中,乔布斯犯了什么错误?

第六章　25岁的亿万富翁

1980年，苹果公司的员工人数已经增长到了200人，不久发展成600人，再不久发展成1000人，发展非常迅猛。工厂规模不断扩大，甚至建到了新加坡和爱尔兰。

这个时候，"丽萨"项目组的成员们在工作中变得一片混乱，乔布斯还是不降低自己的要求。成本已经超出了之前预定的2000美元售价，达到10000美元，种种情况让"丽萨"的上市变得遥遥无期。这种情况让公司的员工感到不满。

乔布斯已经在管理上产生混乱，又由于公司扩展的速度很大，所以公司的内部发生了巨大的变化。迈克·斯科特以改组公司框架为理由，退出了乔布斯的"丽萨"计划。

这个决定对乔布斯来说是非常致命的一击。

实际上，斯科特并不是想要打击乔布斯的决定，为了安抚乔布斯的情绪，董事会为他安排了董事会主席这个职位。斯科特和马库拉努力劝说，这才让乔布斯同意这个安排。

1980年12月12日，苹果公司正式上市了。在接下来的两年多的时间里，就进入了世界五百强。这一成就为苹果公司带来

了相当可观的效益，公司里瞬间出现了大批的亿万富翁。

苹果公司创造的巨大的利润并没有分享给普通员工。在公司上市之前，公司的股份掌握在管理层人员的手里。

乔布斯和马库拉没有把公司股份分给新员工是可以理解的，但是老员工也得不到股份有点不能让人理解。甚至从小陪着乔布斯一起长大的费尔南德斯也没有得到股份，所以，最后费尔南德斯毅然决然地离开了苹果公司。

沃兹与乔布斯和马库拉的想法不一样，他觉得苹果公司的员工都为产品做过贡献，所以无论多少他们都要受益。于是，他制定了一个"沃兹"计划，就是把自己手中的一部分股份转让给同事。后来，苹果公司的一部分百万富翁的员工，是从沃兹那里获得转让的股票得来的。

25岁的乔布斯在苹果公司上市以后，成为了一名亿万富翁。让当时沉睡的"美国梦"在年轻人的心中燃烧起来！

巨大的成功让乔布斯第一次感到兴奋和刺激，但是没过多久，财富给他带来的喜悦很快就消失了。他有了新的目标，他想要通过创造来证明自己的能力，而不是通过财富来体现。为了证明自己，乔布斯开始寻找机会。

杰夫·拉斯金是一位工程师，他为人很有哲学范儿，有时幽默有时呆板。1976年，拉斯金在加州大学的博士论文中提出一个理论，计算机不只能基于文字，还要拥有页面显示。他学过计算机，也教过音乐，还组织过街头剧场。

同年，乔布斯想要找人为"苹果Ⅱ"编写操作手册，于

是，他找到了杰夫·拉斯金。

拉斯金来到了乔布斯的公司之后，看到正在认真工作的沃兹和乔布斯。经过和乔布斯的商讨之后，接受了为他们编写操作手册，并且能够得到50美元作为报酬。

后来，拉斯金成了苹果公司出版部门的经理，他想要制造出一款卖价便宜的电脑。于是，他说服了迈克·马库拉和他共同制作电脑。

1979年圣诞节前夕，他和另几位工程师共同设计出一款电脑，这款电脑和"丽萨"一样都有图形用户界面。拉斯金给它起了一个名字，叫"麦金塔"，简称"Mac"。

杰夫·拉斯金设计的这款"Mac"，不仅简单而且轻便，为了方便人们出行的携带，拉斯金把它的质量设置在9千克以内；在机身内部安装了电池，保证它在没有电源的情况下也能供电2个小时；"Mac"的屏幕缩小为4~5英寸，开机就能够自动运行，不需要复杂指令。

"Mac"的电脑理念是从人们能够简单方便操作出发的，虽然当时不被人们所理解，但是马库拉却非常感兴趣。马库拉明白，一款产品想要打入市场，最关键的核心就是要站在消费

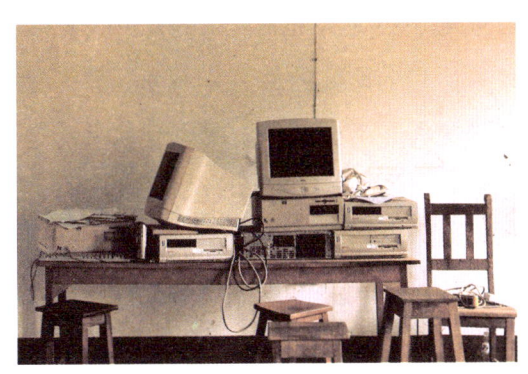

者的角度出发来进行设计。马库拉邀请拉斯金在董事会上讲解自己的方案。

拉斯金接受邀请,在董事会上详细解说了有关"Mac"的设计理念和特点。没想到,他设计的这套方案深深地打动了董事会,非常顺利地就通过了。

看到这样一个项目,乔布斯有点心动,他想要自己来领导"Mac"项目。这样做的前提是必须把它从拉斯金的手里夺过来。

乔布斯的个性狂妄自大,并且独断蛮横,"丽萨"项目组的员工全都不喜欢乔布斯,甚至"Mac"组的成员都不喜欢他。

每个人心里都明白,只要乔布斯参与到这个项目里来,所有的成员都将得不到正常的休息,他们会被乔布斯控制住,过上暗无天日的生活。乔布斯有非常强烈的控制欲和权力欲,他想要掌控所有的人和事,包括他自己研发出来的产品的每一个细节。

乔布斯申请加入"Mac"这个项目,他能不能参与到项目里来,不是组里成员说的算的。董事会觉得这只是一个小项目,目前研究的成员并不多,分配资源也很少。所以,为了避免乔布斯去破坏公司里其他大的重要项目,董事会还是让乔布斯参与了"Mac"这个项目。

乔布斯如愿以偿地加入了"Mac"的项目研究,他并不认为这是个小项目。参与到项目中后,他开始疯狂地掠夺公司的人力和资源,甚至从"丽萨"团队中挖墙脚,抢夺人

才，把"丽萨"身上所有的现金技术都用在"Mac"上。

乔布斯逢人就夸耀自己的"Mac"项目的优秀之处，尤其是在马库拉和董事会的人面前更是喋喋不休。为了引起董事会的重视，他不仅自己这样说，也要组里的成员也要有这种认识，并且为自己在这个组里面感到骄傲，所有的成员都要尽全力完成一个目标——制造出最好的计算机。

乔布斯这种做法，总会引来公司一些人的不满。他们说他不仅利用过多的人力，也利用了不少资源。每当这个时候，乔布斯总能想办法让他们闭嘴。

有一位参与"Mac"设计的工程师评价乔布斯时说道："他能让工程顺利进行，并且解决任何阻碍。他尽全力地保护这个项目，并且为了这个项目用自己的力量取得了更多的资源。"

在制作"Mac"的过程中，乔布斯参与每一个电脑程序和小部件的制作过程，只是为了制作出心中想要的完美的计算机。他想要把"Mac"的名字换掉，但是杰夫·拉斯金并不允许；他想要把"Mac"换一个能够用手支配移动的鼠标，也遭到了杰夫·拉斯金的反对。

可是乔布斯并没有听从拉斯金的意见，他另寻了一条捷径，制作出了新的鼠标。他想要更改机箱设计、内存和电路板的安装，不仅如此，他甚至找到拉斯金，让他管理"Mac"的软件开发。

乔布斯和拉斯金在产品理念上观点不同，在个性上也经常发生冲突。面对眼前这种状况，两个人产生分歧是不可避

苹果之父乔布斯

免的。第一次发生冲突是因为一款低性能微处理器——摩托罗拉6809。拉斯金想要把价格控制在1000美元以下，乔布斯想要追求完美，两个人谁都不退步。

有一天晚上，在拉斯金不知情的情况下，乔布斯给设计师一个任务：设计一台摩托罗拉的样机。接着，乔布斯不分昼夜地投入到了工作中。

终于，在他的努力下，这款编程运用了各种惊人的创举，如愿把所有的"Mac"都换成了这款产品。

成长加油站

在通往成功的路上，单靠一个人的力量是完全不够的。在竞争激烈的社会中，要学会寻找帮手，利用外在的条件辅助自己才能更快速地走向成功。乔布斯懂得这个道理，所以他巧妙地找到了一个非常可靠的帮手，成立了一个团队，利用团队的力量来帮助自己实现目标。在团队合作的过程中，要争取主动权。

延伸思考

1. 乔布斯和拉斯金为什么意见不统一？

2. 面对意见不合的情况下，乔布斯是怎么做的？

第七章 "海盗"活动

拉斯金说:"他是一个喜欢发号施令的人,他受不了别人指出他的缺点,也不喜欢那些不把他奉若神明的人。我觉得乔布斯这个人不值得信赖。"

虽然拉斯金也影响了一些人,但是还是有绝大多数的人觉得乔布斯的魅力与影响力能够带领着大家做出改变世界的产品。

乔布斯对项目组的人员说道:"拉斯金是一个空想家,但是大家都知道,只靠想象做不了任何事情。而我是一个实干家,我会带领大家在一年之内完成'Mac'项目。"

1981年2月,拉斯金原计划要在公司举行一场自带午餐的研讨会,乔布斯知道这个消息后,为了树立自己的威严,立马宣布会议取消。

然而拉斯金刚好走过会议室,发现里面坐满了上百人,他们全部在等着自己发言。他这才恍然大悟,乔布斯只通知了项目组里的人,而项目以外的人全都没有得到通知。拉斯金只好走进去发表了一些感言。

之后拉斯金对这件事情非常气愤,两个人的冲突越来越

深，以至于最后根本无法调和。乔布斯的种种强势专横的个性让拉斯金忍无可忍，气愤地离开了"Mac"项目。

杰夫·拉斯金回去之后给斯科特写了一封信，信上写满了对乔布斯的不满："我以前非常喜欢乔布斯，但是现在我发现他是个失败的管理者。他让我在研讨会上闹出了很大的笑话！因为他，我没有办法正常工作。除此之外，他从来不给员工们赞扬的话，甚至是不经思考地反对他们的创意。但如果他听到员工们有一个好的创意，就会到处宣扬，就好像这个主意是他想出来的一样……"

让乔布斯加入这个项目是董事会决定的，靠斯科特一个人的力量是不能改变的。在忍无可忍的情况下，拉斯金毅然选择离职。

虽然拉斯金辞职有些不公平，但是事实证明他的离开对"Mac"项目起到了积极的作用。他想要的机器没有鼠标、内存小、图形效果也不是很好，虽然这款产品售价不会超过1000美元，能帮助苹果公司得到市场份额，但从长远来看，他的发展眼光是达不到乔布斯的高度的。如果苹果公司按照拉斯金的要求研发产品的话，将会是一次失败的投资。

拉斯金的离职，正好符合乔布斯的意愿。他开始完全改造了"Mac"，全权接手这个项目。

在成功争夺了"Mac"项目之后，乔布斯又成功地把斯科特从CEO的位置赶了下去。

乔布斯始终坚信，在不久以后"Mac"就会打入市场，

在销量上要超过苹果Ⅱ，成为最领先的计算机。为了实现自己的这一目标，乔布斯挖走了"丽萨"计划的精英，虽然他觉得自己的做法就像是一个海盗，但是他却不为自己做的事感到丝毫愧疚。

布鲁斯·霍恩曾经是施乐公司的员工，他看到自己以前的同事加入了"Mac"项目，也有些心动。这时，另一家公司也邀请他去，并承诺给他15000美元的签约金。在二者的抉择之间，他还是放弃了来"Mac"的打算，准备去另一家公司上班。

乔布斯知道这个消息之后，马上主动打电话找到霍恩。

"我这里有一样东西想要展示给你看，希望你有时间能来一次，非常欢迎你！"乔布斯对霍恩说道。

"好的。"霍恩说道，"听说你们的项目进展得不错，刚好我也想有时间去看你。"

霍恩没有想到乔布斯会给他打电话。刚好他也想知道乔布斯的项目进行得如何，所以，在没有和那家公司签约之前，霍恩和乔布斯见了面。

乔布斯带领霍恩参观了正在研制的计算机，给他看计算机外壳的铸造和拼接过程。霍恩一下子就被打动了，放弃了15000美元的定金，果断加入了乔布斯的团队。

沃兹也准备加入乔布斯的团队，可不巧的是，还没来得及加入，沃兹就在新买的飞机试飞时出了意外。虽然性命保住了，但是却失去了一部分的记忆。沃兹只好放下手中一切的工作安心养病，病好之后他没有回到苹果公司，而是选择离开。

苹果之父乔布斯

沃兹打算重新回到10年前退学的比克利大学继续读书，拿到原本应该得到的学位证书。他换了一个名字，重新回到的伯克利大学。

1982年9月，乔布斯带着公司50多名员工在距离公司160千米的地方举行了一次"海盗"活动。这些员工的平均年龄只有28岁，他们个个都是朝气蓬勃、干劲十足，而且这些人当中超过一半的人都是创意高手。乔布斯对他们彻底进行了一次精神上的洗礼。

乔布斯非常会调动年轻人的情绪，懂得年轻人的心理。在活动开始的时候，乔布斯写下了一句很有煽动性的名言——当海盗，不当海军！年轻的员工们听到这句话之后全部都热血沸腾，他们不停地呐喊、拍手！

乔布斯写出这句富有团队灵魂的话，是因为他知道年轻人的心理，当一名想做就做的"海盗"是每一个年轻人的梦想。在这次活动中，他利用这样的思想给员工们疯狂地灌输精神理念，让大家对从事这个项目有一种自豪感。

乔布斯从一个盒子里拿出了写着这句口号的衣服，用夸张的姿势穿在了自己的身上。而且，他为每一个成员都定制了同一款印着口号的衣服，非常有仪式感。

为了让员工们有工作的动力，他别有心思地把每件衣服上都绣上一种小样式来

体现员工之间的差异。比如:"Mac"骨干、"Mac"精英,等等。乔布斯用这种手段来激励员工,让他们明白,想要当一名快乐的海盗,就要为公司做出更大的贡献。

这次的"海盗"活动,深深地影响着每一位员工。乔布斯的这种做法,就是为了能在1983年5月16日的计算机交易会开幕当天,让全世界都震撼,让所有的人都看到他亲手做出来的"Mac"电脑。

自从上市以来,苹果公司资金累积得越来越多。有一部分公司高层开始变得有些得意。"丽萨""Mac"和"苹果Ⅱ"等计划,慢慢开始崭露头角,公司给员工的工资发放也越来越慷慨。时间一长,这就造成了公司的开销开始增大。

斯科特觉得不能为公司做贡献的人员都是没有用的,白白浪费了公司的财力和人力。他觉得"丽萨"和"Mac"都是没有用的项目,但是这个项目是马库拉和乔布斯管理,所以他没有权利管理这两个项目。最后,他决定寻找另外一个途径来降低公司的花销,那就是对公司的员工进行裁员。

消息一发出来,在公司高层主管内部立刻引起巨大震动,让员工们也是人心惶惶。

1981年2月25日,开始陆续有员工收拾好行李,从苹果公司离开。他们在走之前一个个被叫到斯科特的办公室里面谈话,等待他们的将是一个噩耗。离开的员工并没有明确的原因,就被迫辞退了。这种情况让每一个在职的员工人心惶

惶,他们不确定什么时候自己也被斯科特叫到办公室里面,等待自己的是什么样的结果。

斯科特在开会时说道:"我曾经说过一句话:担任苹果CEO让我感到不再有趣时,我会退出公司。但是我现在不这么想了,虽然现在公司不太有趣,但离开的也不会是我。我会从员工里面裁员,找回以前的乐趣。"

这次裁员,从1500名员工里裁掉了40人。虽然名额不大,但是还是让很多工程师认为这种做法没有人性。员工们的情绪非常低落,他们对高层的管理非常不满。

成长加油站

乔布斯不仅拥有强大的智慧和毅力,还有很好的领导能力,他把不可能变成可能,创造了一个很大的奇迹。每个人都要像乔布斯一样,心中有想要实现的梦想,就要勇于去追寻,不管前方多么坎坷,都要有毅力,想尽办法去解决眼前的问题,只要有决心,一定能到达心中的目标。

延伸思考

1. 乔布斯组织"海盗"活动的目的是什么?

2. 是什么让斯科特产生了裁员的念头?

第八章　"Mac"问世

对于苹果公司的裁员问题，乔布斯则选择置身事外的态度，向员工们暗示这都是斯科特的意思。这样，员工就把矛头都指向了斯科特，对他怨恨在心。斯科特开始对这件事进行抗辩，但是并没有什么效果。最后，他还是迫不得已拿着董事会给他的一些股票，离开了苹果公司。

虽然公司的员工对斯科特感到不满，但是沃兹却很欣赏斯科特的做事方式。他说："斯科特这个人做事有分寸，我是赞同他的。"

迈克·斯科特作为苹果公司第一任总裁，为苹果公司做了不少的贡献，使公司日益强大。他对公司面临的状况和认识的分析恰到好处。

苹果公司在这个时期如日中天，所以公司高层管理者并没有意识到这一点，他们并不知道，迈克·斯科特的离开给苹果公司埋下了祸根。

1983年1月，乔布斯前后花了5000万美元呕心沥血研制出的"丽萨"问世。苹果公司认为"丽萨"能在电脑市场上销售10年的时间。

苹果之父乔布斯

让人意想不到的事情发生了。"丽萨"的卖价达到9995美元，完全超出了消费者的底线，所以把它投入到市场之后就遭到了一场冷遇。这台连美国人自己都觉得昂贵的电脑怎么会有市场？苹果公司本来坐等高利润回报，没想到带来的是一场巨大的亏损。在"丽萨"问世之前，乔布斯只是想通过它来垄断电脑市场，但是没想到却成了赔钱货。

在制造的过程中，乔布斯一味追求最先进的技术，没有考虑成本。"丽萨"装上大量的程序之后，电脑运行的速度就大幅度降低。最关键的一点就是，就算用户买了电脑，里面运行的程序还没有研发出来，只能等苹果公司开发出新的应用程序才能使用，其他公司生产的程序不能与之匹配。

这样的状况让消费者都选择了IBM、Intel和微软。这三家公司进行合作，分别有不同的任务，IBM负责生产硬件，Intel负责配套软件。分工明确之后不仅降低了成本，也让每个公司都能专心地研究自己领域的项目。

1981年，IBM首次推出个人计算机PC，这款电脑使用微软公司开发的便宜的MS-DOS的操作系统，销售非常好，无形中让微软用户群体逐渐扩大。越来越多的软件和硬件商参与到微软的合作当中，彼此之间获得了共赢模式的合作。

在IBM产品畅销无阻的同时，苹果公司因"丽萨"计划的失败而亏损。这种鲜明的对比让苹果公司的员工产生巨大的震动，整个公司都笼罩在紧张的气氛当中。

苹果公司积压了2700台"丽萨"电脑，仅仅凭着苹果Ⅱ

的销量，支撑不住整个公司的运营。最后，在找不到解决办法的情况下，他们终结了"丽萨"这个项目。

公司面临着倒闭，苹果公司的高层领导认为，在这种时刻需要一位销售方面的天才来挽救公司，增加苹果计算机的销售额。最后，乔布斯决定请来百事可乐公司的营销天才——约翰·斯卡利。

约翰·斯卡利，31岁时成为百事可乐最年轻的营销副总裁。他策划了一次可乐口味的盲测试活动和一些其他市场策略，从可口可乐手中抢到了可观的市场份额。34岁时，他成为《商业周刊》的封面人物。斯卡利在当时非常有名气。

乔布斯希望他能够创造奇迹，把苹果公司从万丈深渊里救出来。他对斯卡利展开了执着的电话攻势，甚至到斯卡利家亲自拜访，希望他能来到苹果公司，与他一起合作。但是斯卡利屡次拒绝他的请求，因为他不想离开百事可乐公司。

乔布斯并不气馁，最后他对约翰·斯卡利说："你是想卖一辈子糖水，还是跟着我们改变世界？"这句有鼓动性的话最终打动了约翰·斯卡利，他加入了苹果公司。

乔布斯再一次用绝妙的口才展示了自己的能力。约翰·斯卡利来到公司后不久，就挽救了苹果公司，让公司转危为安。后来，乔布斯的这句话一直被人们挂在嘴边，成了激励人心的名言。

约翰·斯卡利来到苹果公司之后，和公司的员工相处得非常友好，包括和乔布斯的关系也很和谐，彼此互相尊重。

公司计划逐渐开展起来,并且十分顺利。

乔布斯并不是一个服输的人,IBM的PC机并没有让苹果员工彻底沮丧。为了扭转局面,整个公司的工作人员都把赌注压在了"Mac"项目上。乔布斯没日没夜地投入到"Mac"的制作和研发当中。

为了让"Mac"能以完美的形象出现在人们的眼前,乔布斯开始挑战客观真理。他这种不愿意受约束的性格在制作"Mac"的过程中完全展露无遗。

乔布斯觉得"Mac"不应该是易坏的东西,而是应该耐用并且结实,就像普通的家电一样。当初在计算机的设计上,沃兹在计算机加了一个扩展槽,它可以增加电脑的灵活性,提高电脑性能。现在,乔布斯把这一设计完全取消掉了,并且在外形设计上,他坚持自己的意见要用一次成型的塑料外壳。

"Mac"项目组的员工们对乔布斯非常反感,因为乔布斯不仅蛮横独断,并且每一处都要严格按照他自己的想法进行,他严格地看管每一个细节,不得不使他们一遍一遍地返工。不得不说的是,乔布斯这样严苛的方法是有效的。最后,"Mac"以完美的姿态展现在人们的眼前。

"Mac"的款式让人耳目一新:它的外形小巧,精致,方便携带。制成的鼠标和图形界面完美地结合在一起,使用起来非常方便,就算是不会使用计算机的人,用过几遍之后也能得心应手。它集中了"丽萨"电脑所有的优点。在使用便捷度上超过了IBM的MS-DOS系统。

第八章 "Mac"问世

对乔布斯来说，他一直都知道只要是自己想要的东西，最后一定能得到。他把"Mac"看作是一个高雅的艺术品，并且要求"Mac"的所有创作者在上面签名，使人们可以在早期的机箱里看到研发人员的签名。

这款计算机受到了《InfoWorld》的高度评价，认为它是最先进的计算机，完全有挑战IBM计算机市场的潜力。对乔布斯而言，这个评价只是对他自信的证明罢了。

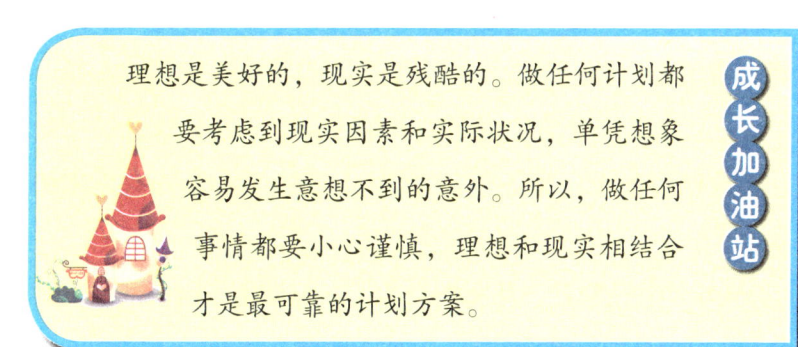

> **成长加油站**
>
> 理想是美好的，现实是残酷的。做任何计划都要考虑到现实因素和实际状况，单凭想象容易发生意想不到的意外。所以，做任何事情都要小心谨慎，理想和现实相结合才是最可靠的计划方案。

延伸思考

1. "丽萨"出乎意料的亏损之后，乔布斯做了什么？

2. "Mac"项目组的员工们为什么对乔布斯非常反感？

第九章　被逐出公司

在产品的设计当中，乔布斯非常注重外在和内在的美感。他想让人们用的是"赏心悦目"的产品，所以对每一个细节都非常用心。在应用方面，他要让人们使用起来非常方便。"Mac"就是这样集实用和美观于一体的一款计算机，二者完美地结合起来，超越所有的产品。这是乔布斯一直以来的梦想。

1984年1月24日，乔布斯发表了一篇激情洋溢的演讲，主要针对IBM公司，并为"Mac"的上市制造声势。

乔布斯在演讲中说道："1958年，IBM公司曾经拒绝了一家资历尚浅的年轻公司，而这个公司刚发明了一种新技术——静电复印术。两年后，施乐公司问世，IBM现在跟着人家后面跑。现在IBM又要垄断计算机市场，这可能吗？"

人群激动地回应："不能！不能！"

正在欢呼的过程中，乔布斯身后的大屏幕上开始插播"Mac"的商业广告。广告的画面是一位老板面无表情地讲话，下面死气沉沉。这时一名警察追赶着一位拿着锤子的女孩儿，女孩儿狠狠地敲碎了大屏幕，屏幕上一阵光芒投射进来，

接着是拂面而过的清风。所有的人都放松了心情，长长地呼出一口气。然后大声地喊："看到光明了！看到光明了！"

广告结尾，一个严肃的声音响起："1月24日，苹果公司的'Mac'即将诞生，你们将看到计算机世界的新曙光！"

完美的产品诞生，就要用与众不同的方式打入市场。斯卡利在这方面做了很多的努力，这则广告让人过目不忘，又引发人们的思考。

最初，这则广告并没有得到董事会的认可，他们认为广告就要直接进入主题，不需要那些烦琐的铺垫，"Mac"才是广告的中心。但是乔布斯在看到斯卡利设计的这个广告之后，非常认可，并且觉得十分有创意。

他兴奋地说道："这就是我想要的广告的效果，广告里发言的老板就是IBM，小女孩儿就是苹果公司。IBM想要统一计算机领域，我偏偏要打破它！人们会猜想'Mac'是什么，这样一来关注度就会提高了。"

乔布斯对这种广告设计十分感兴趣，他在心里告诉自己：这种广告创意就是我想要的。所以，当斯卡利设计的这个广告出现在他眼前的时候，他非常激动。他极力地劝说董事会成员同意这种说法。

乔布斯的思维方式与众不同，他做事喜欢把生活中的体验和自己的直觉联系起来。当一件事物再次出现并给他相同的感受时，他就认定这就是他想要的。

事实证明，乔布斯是对的。这则广告发布出来，引来了

很多人的关注,人们都期待着"Mac"赶紧上市。不仅是普通的人民群众有所期望,就连电视台都被斯卡利设计的这个广告吸引了,记者的大量报道纷纷而来。还没等"Mac"上市,就获得了很多各种免费的广告。

让乔布斯没有想到的是,在广告持续轰炸的上百天之后,"Mac"的销量却慢慢冷却了下来,直到最后已经卖不动了。

其实出现这种现象也是正常的。"Mac"只是在上市前期招牌打得响亮,实际上它并不像乔布斯说的那样完美。

"Mac"没有内置的硬盘驱动,用户的文件要保存在软盘上,在操作的过程中就要多次更换软盘,这样一来,就给用户带来了很大的麻烦。

和"丽萨"电脑一样,"Mac"的系统生态是封闭的。乔布斯觉得一台电脑要做到精致,软件和硬件必须是联系在一起的。所以,"Mac"的操作系统只能在自己的硬件上使用。

在软件支持上,"Mac"不能和PC机相比;在价位上,同样没法比,因为PC机比"Mac"整整便宜了1000美元。考虑到实际的成本和大量的广告费用,"Mac"最终的定价是2495美元。

很多消费者就会觉得"Mac"不是普通人消费得起的。这个时候,市场就会出现一种很奇怪的现象。人们会跑到"Mac"面前赞叹一番,然后再去买IBM或者PC等计算机。

既然花费了很大的精力和费用,那就不能让"Mac"滞留在手里。所以,斯卡利策划了一个吸引顾客的购物方式——先体验再消费。他认为人们只要体验过"Mac"的优势,就一定会有购

第九章　被逐出公司

买的欲望。

"Mac"的体验店非常多，所以在这个方式出来后，确实起到了不少的效果。但是由于体验的时间只有24小时，所以人们喜欢上它就结束了。

1985年6月28日，苹果公司总共亏损了1720万美元，这对公司里所有的人来说，无疑是个重重的打击。不仅如此，公司的股票一路下跌，甚至达到每股15美元。面对眼前的这种状况，公司里的各种矛盾被激化，人们开始寻找这件事情的罪魁祸首。

乔布斯就是这件事情的领导人。"丽萨"和"Mac"项目最初都是由他的固执引起的。最后，公司员工和他站到了两个阵营，领导也不支持他。乔布斯一下子成了一个没有依靠，没有战友的孤家寡人。

"Mac"像一个导火索，直接引爆了乔布斯和斯卡利的关系，两人彻底决裂。在这种情形下，公司考虑乔布斯是否还能够留在公司。

在一次会议上，公司高层决定让乔布斯自己到对面的小楼里研究自己的"战略"。斯卡利给乔布斯下了最后的通牒，面对斯卡利的逼迫，乔布斯毫不示弱，他找到董事会要求解除斯卡利的职位，让他离开公司。

没想到的是，董事会并没有听取他的意见。他们不仅把

斯卡利留了下来,还把乔布斯逐出了公司。

以乔布斯的个性,虽然被架空了,但是他还是天天给董事会打电话,想要留在公司做点什么。公司觉得最好的办法就是让他离开,斯卡利在一次大会上说道:"苹果公司现在已经不需要乔布斯,乔布斯也不再有任何价值。"这句话对乔布斯来说无疑是毁灭性的打击。

无奈之下,1985年9月13日,乔布斯只好离开了自己一手创办的苹果公司。可他并不是人们想的那样一个人离开,而是带着一个团队离开。这一天,他拿着自己写的名单找到斯卡利。

"我们团队已经商量好了要离开了。"乔布斯说着把名单放到斯卡利的面前。

说是一个团队,其实就是除了乔布斯之外的5个人。他们其中一个是优秀的电路专家,两位是高级工程师,还有另外两个是重要的管理人员。

但是很多事情并不是很如意的,结局总是让人意料不到。谁也没有想到,当年苦口婆心请来的营销天才,最后把乔布斯赶出了苹果公司。

在离开苹果公司之前,乔布斯做出了一个惊人的举动,他几乎卖掉了苹果公司的全部股份,自己只留了百分之一。苹果公司是乔布斯一手创办的,但是现在他却被自己创办的公司开除了,这对追求完美的乔布斯来说,无疑是毁灭性的打击。

乔布斯后来这样说道:"我一直都想打造一家传世的公司,公司里的人要用心地研发一款产品,这是创建公司最初

第九章　被逐出公司

的目的。赚钱只是另外一个方面，能通过这个来赚钱当然好，因为只有这样才能够制作出更伟大的产品。斯卡利只是把赚钱当作目标，这和我最初的目的截然相反。'Mac'之所以会输给微软公司，是因为他一直想着争取每一份利润，而不是改进产品和降低价格。"

成长加油站

想要追逐成功，过程中就一定会有很多次失败。乔布斯目前就面临着一次巨大的考验。失败并不是可怕的，可怕的是失败之后从此就一蹶不振了。所以，在面对失败的时候，我们可以选择从头再来，换一个角度和思考方式，人生就会有不一样的转机。如果不能直面失败，而是到处躲藏，人生就没有成功的机会。

延伸思考

1. 是什么导致乔布斯被苹果公司开除？

2. 乔布斯被自己一手创办的公司开除了。如果你是乔布斯的话，你会怎么做？

第十章　另立门户

乔布斯永远不是一个能轻易被打败的人，眼前的这些挫折和失败，再一次燃起了他的斗志。他拿着卖股票换来的钱，开始了新的创业之路。对他来说，这些都是他走向成功所要交的学费。

计算机领域是乔布斯最擅长和熟悉的，他会一直向着这个方向走下去。制造最先进的计算机的梦想在乔布斯的心中一直没有熄灭。

离开苹果公司之后，乔布斯并不甘心。在接受《花花公子》采访时，乔布斯说道："如果因为某些原因，我们让IBM赢了。我个人觉得在接下来的20年的时间里，我们会迎来计算机的黑暗时代。IBM一旦主导了计算机市场，他们就会阻止创新的发生。"

为了实现自己打造完美电脑的梦想，乔布斯有了一个新的计划是——为高等教育开发一款功能强大的计算机。

他开始到各个高校走访老师和同学们，从他们的口中了解人们对计算机的想法。经过专心调查，乔布斯决定在教育领域设计一款计算机产品。

第十章 另立门户

乔布斯给新公司起了一个寓意很深的名字，意味着他会再创辉煌，新公司的名字叫作NeXT。

1987年，苹果公司渐渐从黑暗中走出来，斯卡利受到了公司员工的尊敬和爱戴。在这种情况下，乔布斯更加急切地想要做出让人瞩目的成就，洗刷他在苹果公司受到的侮辱。NeXT的员工们在这种氛围下紧张地工作。

乔布斯希望NeXT公司能像苹果公司那样成为大企业，所以他请来了当时著名的设计师来为NeXT公司设计大楼，又聘请到美国一流的设计师保罗·兰德来为公司设计徽标。

很多人看到公司名称的时候，都不明白为什么NeXT中间的"e"是小写的。其实兰德的用意很深，小写的"e"更加明显是为了体现出公司是专门研发教育领域使用的计算机。

NeXT的徽标是彩色的，每个字母使用单独的颜色。整体看上去很像积木一样的立体样式，看上去让徽标更加醒目。制作这个徽标下来，乔布斯就花费了10万美元。

他追求完美的个性在每一个细节当中都能体现出来。他认为工作的地方必须是高雅的，所以他不惜成本地布置办公环境。用红木铺地板，安装旋转楼梯，买下了安塞尔·亚当斯的风景作品当墙面装饰。不仅如此，就连厨房的阳台都被乔布斯安装上了花岗岩。

乔布斯工作的疯狂程度公司的人都知道，他甚至一个人分饰了三个角色，承担不同的工作量。他不仅要做技术工作，还要做管理工作，不仅如此，他更要成为公司的灵魂。

苹果之父乔布斯

乔布斯一心想要改变世界。在NeXT公司，他再一次拥有技术方面的决定权，于是他像原来一样深深地陷在完美主义的世界里，开始又一轮疯狂的工作。

这一次，他比在苹果公司的时候对工作的要求更高！他希望在计算机制作的过程中，任何一个小细节都是无懈可击的，甚至连隐藏起来的电路都必须设计得十全十美，而且他把这种理念贯彻到整个公司。

公司的设计师都觉得乔布斯的要求有些不可思议，他对乔布斯说："你似乎没有必要注重这些细节，因为没有人会去看电脑内部的结构是什么样的。"

乔布斯说道："不，我们做出来的产品一定要百分之百的精益求精，相信我，一定会有人注意到这个细节的。"

在制作计算机的过程中，乔布斯坚持用"丽萨"和"Mac"的理念，把最先进的研究技术都用到自己正在研发的计算机上。为了能制造出具有革命性的电脑，乔布斯前往日本考察。

日本的一位工程师刚刚研发出来的光盘驱动让乔布斯非常感兴趣，他没有考虑这个刚刚研制出的光盘是否成熟，就迫不及待地想要把这项技术运用到自己的电脑上。

公司的员工都知道，这个光盘放到计算机里会

第十章 另立门户

影响计算机的稳定性。所以，使用它的话会有一定的危险性。可是他们了解乔布斯，一旦做了决定，就无法改变，只好由着他去做。

果不其然出了问题。采用光盘驱动器之后，光驱经常出现故障，影响电脑正常运行。

1986年，乔布斯花了1000万美元买下了一家动画工作室。他想要同时进行动画制作和电脑开发，他所追求的先进技术研发出来的产品价格非常高，而且经常出现故障，销量就成了问题。

乔布斯一心追求完美的创作让他忽略了自己刚刚创建的NeXT只是一个小公司。在他这种不顾一切的过程中，公司资金很快就要被他用完了。他开始着急补充资金，不然公司就要面临着倒闭。

乔布斯开始四处寻求风险投资的资助商。正巧这时，他接到了投资商罗斯·佩罗的电话。

"我希望到你们公司去参观一下。"佩罗在电话中和乔布斯说道。

"好的。"乔布斯相当有自信地说道："相信我们公司会让你满意的，期待我们的合作。"

罗斯·佩罗最初对NeXT感兴趣只是对公司光鲜亮丽的包装感兴趣，他要亲自来到公司内部考察一番。

乔布斯施展自己在口才方面的天赋，把公司的规划和研究向佩罗一一讲述。罗斯·佩罗听后，不仅对乔布斯产生了深深的钦佩，也被他澎湃的激情所感染，他在心里坚定乔布

斯一定能续写一段传奇的人生。最后，罗斯·佩罗同意了给乔布斯投资，NeXT公司起死回生。

乔布斯虽然对技术和设计有良好的直觉和判断，但这些东西彼此之间要有一定的联系。比如如何给产品一个合理的定价，怎样控制研发成本等等，可乔布斯对这些东西不能系统地掌握。这样就会使公司产品存在着避免不了的缺陷。

1988年10月，NeXT公司产品全新上市。这是第一台针对大学生市场的电脑。它的外观非常小，长、宽、高都是12英寸，显示器和外壳都是用黑色镁金属做成的，整体的外形非常的美观精致。许多人都为它的出世感到赞叹。可即使是这样，它还是逃脱不了和"丽萨"与"Mac"一样的命运。

因为这台电脑的价格高达6500美元，没有多少人会花一笔钱买这样看上去非常小巧的电脑。

高额的成本和定价，让这台计算机在市场上没有多少竞争力，导致NeXT公司每个月只售卖出400台电脑。在接下来的3年时间里，一共卖出去不到5万台。

比尔·盖茨对NeXT公司进行公开批驳："1981年，乔布斯向我展示'Mac'的时候，我们都非常激动。因为当它和其他机器放在一起的时候，完全能突出它的特点。但是现在，我非常失望。"

佩罗也开始抱怨自己是不是高看了乔布斯和他的员工们。所以，1989年6月，佩罗辞职，离开了NeXT公司。

乔布斯再一次受到了高成本的教训，他追求完美的个

性，和要求的高标准让他在高成本的面前有些喘不过气。在这种情况下，他设计出来一种叫作"NeXTSTEP"的优秀软件系统。正是这个系统让乔布斯在重重的压力下转危为安。

1989年，乔布斯竟然找到IBM的董事长——约翰·埃克斯。乔布斯让埃克斯相信NeXTSTEP系统比Windows系统更完美。当时的微软系统处在垄断地位，而且Windows不是特别的成熟，出于这些方面的原因，埃克斯决定尝试一下NeXTSTEP。

在去NeXT公司之前，埃克斯拿着100多页的合同。他有另外一个想法，就是拿着6000万美元，想要获得NeXTSTEP系统的独家使用权。但是它们忽略了乔布斯的个性，他对那100页的合同并不在意。

"我只需要一份10页的合同就完全够了"乔布斯说道："你拿着这么多合同，对我来说一点意义都没有。"

不仅如此，乔布斯也根本不会同意把NeXTSTEP系统只卖给IBM一家公司。他的做法让IBM的主管略微有点难堪，但他们还是听乔布斯的建议做出了一份10页的合同。合同中有一项是，IBM想要和NeXT公司共同研发NeXTSTEP系统，并且表达出想要NeXT公司只攻软件的意愿。

IBM的提议遭到了NeXT公司的强烈反对，这个合同也就不了了之。但是没过多久，事情就发生了变动。这些支持和NeXT公司合作的高层领导被降职，这次合作的事情就这样草草收场了。

成长加油站

在追求理想的过程中，坚持自己的意见固然是件好事。但是应适当听取别人的意见，每个人的想法都有可取之处，把大家的智慧聚集在一起，会减少很多不必要的风险。在进行产品制作的过程中，乔布斯一味地按照自己的想法办事，结果往往是不尽人意的。执着和从善如流相结合，这样成功会离我们更近一些。

延伸思考

1. 你觉得乔布斯固执己见的性格给他带来了哪些好处？那些坏处？

2. 是什么导致NeXT公司没能在市场上站稳脚跟？

第十一章　皮克斯公司

　　乔布斯在接手新公司以后，给它起了另外一个名字——皮克斯。他提拔了史密斯和卡特穆尔担任公司的总裁和副总裁，自己担任公司的董事长。

　　拥有皮克斯之后，首先就是要研发出超强的图像处理能力这一先进技术。乔布斯一心想着制作出先进技术，快速投放到市场。卡特穆尔和史密斯的想法却是想要处理图像制作出动画电影，进军电影市场。

　　虽然两个人在公司的发展方面和乔布斯发生分歧，但是公司还是董事长说了算，最后他们只能按照乔布斯的计划进行。

　　1986年5月，皮克斯公司开始销售能处理图像的电脑。这款电脑虽然技术先进并且独一无二，但是能处理图像的电脑当时没有多少人会操作，更何况这台电脑的价格非常昂贵。在20世纪80年代，普通人是没办法接受的。

　　不仅卡特穆尔和史密斯，连乔布斯都受到了重重的打击。两位总裁最初的梦想是制作动画电影，可现在不仅面临着亏损的风险，而且每天做的也是自己不感兴趣的事情，它

们觉得自己离最初的梦想越来越远了。

目前的情况，不仅电脑卖不出去，就连公司都面临着资金短缺的问题。接二连三的失败让乔布斯开始反思自己，从不低头认输的乔布斯开始尝试改变自己。他并没有着急卖掉公司，而是换了另一种策略。

卡特穆尔和史密斯抓住乔布斯改变自己的时机，劝说乔布斯用他们的先进电脑技术制作出动画短片，用这种方式吸引顾客的眼球。说不定顾客看了动画短片之后会对电脑感兴趣。

乔布斯这时并没有固执己见，在他深深的反思下，决定同意这个做法。

1984年，卡特穆尔和史密斯在计算机绘图展示会上演示了自己制作的一部动画片，片名叫《安德烈与沃利冒险记》。虽然动画片的时间只有2分钟，但是轰动了全场。人们眼界大开，对这部影片纷纷赞叹。

在第二次计算机绘图展示会上，他们展示了一部新的短片，名字叫《顽皮跳跳灯》，为公司带来不少利润。这部影片放映出来，更是让人难忘。

影片的故事情节是这样的：小台灯找到一个小球，觉得它好玩儿，就不停地踢。大台灯嘱咐小台灯要注意安全。皮球慢慢没气儿时，大台灯才放下心来。正在这时，小台灯找到一个比之前大10倍的皮球。

整部影片下来，只有台灯和皮球这两个拟人的物品，但

是其中的寓意却是很深的。大台灯和小台灯分别代表了大人和孩子，影片从侧面反映出两者之间的情感。

就是这么简单的影片，让6000多名技术人员和动画制作者都感到相当震撼！在简短的安静之后，会场响起了雷鸣般的掌声。

《顽皮跳跳灯》的成功不仅仅是因为动画制作方面的出彩，更是因为短片的故事情节让人难以忘怀。

约翰·拉塞特是原迪士尼公司的电影动画设计人，《顽皮跳跳灯》这部三维动画片的指导和制作就是他。他把影片中的角色定位在没有生命的台灯身上，这种拟人的角色就已经博得了人们的眼球，紧紧地抓住了观众的内心。

《顽皮跳跳灯》每次播放都能引起相当大的轰动，它完全俘获了人们的心。这部动画片算得上是动画电影史上的一个里程碑。它在美国华盛顿区的电影节上获得了美国影视金鹰奖，也被看作是美国电影的代表，被邀请参加美国电影艺术节。

后来，《顽皮跳跳灯》获得了奥斯卡金像奖。由此看出，这部短片在当时轰动了整个美国，甚至是全世界。

《顽皮跳跳灯》这部短片大获成功以后，人们开始了解这种用计算机来制作出的动画。

短片虽然火了，但是火的是计算机制作动画电影的技术，并不是皮克斯公司，公司的销量还是停滞不前。可即使是这样，也让卡特穆尔、史密斯和拉塞特有了更加坚定的信念，它们相信用这种技术投入到市场的梦想越来越近。于

是，他们更加热情地投入到动画短片的制作中。

乔布斯的皮克斯公司虽然费尽了很多心血研制出了新型电脑，但是销量却并不是很乐观。1987年的销量只有不到100台。乔布斯又一次受到了非常严重的打击。

皮克斯目前资金紧张，公司的电脑销售不出去。就连乔布斯经营的NeXT公司开发的计算机也遇到了同样的情况，投资人佩罗也从公司辞职了。为了解决公司的资金问题，皮克斯公司的每一个部门都要裁掉一部分工作人员。

面对这种情况，公司高层决定开一次会议。参加会议的有公司的财务总裁和销售市场部的总裁，还有卡特穆尔、史密斯和乔布斯。

在会议上，乔布斯宣布了一个让所有人都不可思议的消息——裁员。在消息发出的一瞬间，办公室的温度瞬间降到了极点，每个人都感到紧张。

每个人都是公司里非常优秀的员工，在进入公司之前都是经过仔细的考核通过的。而且，他们的思想观念和乔布斯这种反传统的观念吻合。裁员关系到每个人的命运，面对这些优秀的员工，乔布斯很难定夺。

他们向乔布斯汇报了他们所了解的市场的情况，给乔布斯提出了一个建议，就是让公司只生产动画制作的软件。因为这种软件正是动画制作和电影制作公司需要的。乔布斯同意这个想法，他们劝说乔布斯保留了计算机动画的设计人

员。说干就干，乔布斯对软件开发加大了投入的力度。

几个月后，《锡铁小兵》动画短片问世。拉塞特带着《锡铁小兵》来到了奥斯卡的颁奖仪式现场。这是奥斯卡电影史上第一次把奖项颁发给使用计算机制作电影的制作人。

《锡铁小兵》的成功给皮克斯公司带来了转机。借着此时的势头，皮克斯公司又新推出了一款能进行动画渲染的软件。这款软件处理图画功能非常强大，并且稳定性很强，增加了渲染功能。一进市场，就受到了大众的好评。

这款新软件的成功，让乔布斯认识到自己以前对公司发展方向的定位是错的，乔布斯开始调整公司的发展方向。

1989年，乔布斯凭借市场的良好反应，接连推出了两个版本的软件。一时间，皮克斯公司的名称被大众所熟知，软件的销量一路上升。

因为销售良好，乔布斯觉得没有必要再继续开发硬件，所以他决定撤销了营销部门，辞去了首席技术官兼董事会主席的职务，交给了卡特穆尔接任。

1990年，乔布斯决定公司不再制造先进的计算机，而是主攻图形渲染软件领域。这个改变和卡特穆尔与史密斯的劝说有一定的关系，这种决定也正是两个人的心意。

乔布斯虽然放弃了先进计算机的制造战略，但是NeXT公司的梦想却没有动摇。

1992年，NeXT公司生产了两款新机型，并且对外展示出

苹果之父乔布斯

了新研发的操作系统,他想打破微软在软件市场的垄断。

这种新型系统的操作不仅简单而且非常人性化,所以受到了很多人的欢迎。但意料之外的是,这两款计算机并没有多少人理会。乔布斯从前几次的失败之中吸取了教训,学会了产品设计和市场要从用户的角度出发。他明白了销售就是市场需要什么就生产什么,所以他向市场投降了。

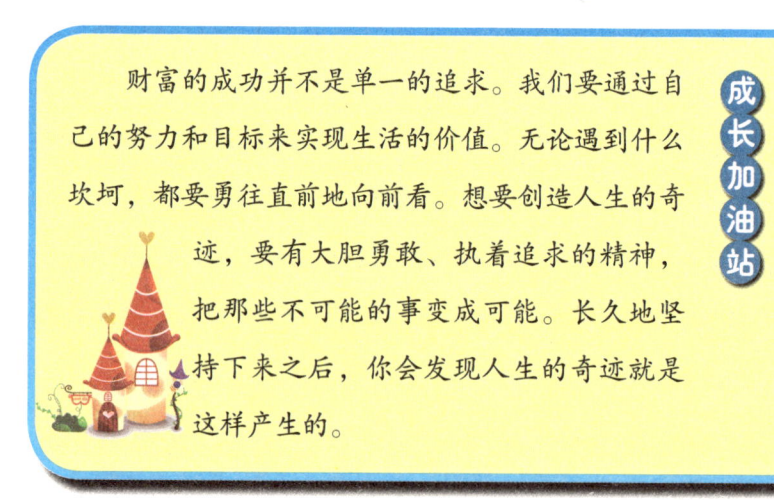

成长加油站

财富的成功并不是单一的追求。我们要通过自己的努力和目标来实现生活的价值。无论遇到什么坎坷,都要勇往直前地向前看。想要创造人生的奇迹,要有大胆勇敢、执着追求的精神,把那些不可能的事变成可能。长久地坚持下来之后,你会发现人生的奇迹就是这样产生的。

延伸思考

1. 皮克斯公司成立之后,乔布斯做了哪些事情?

2. 从皮克斯公司失败与成功经历中,乔布斯吸取了哪些经验和教训?

第十二章　合作迪士尼

1993年2月，乔布斯对NeXT公司进行了一次大改革。他彻底了调整了公司的发展方向，专门研发软件提供给市场。正是由于这个转变，在1994年的时候，NeXT公司就获得了105万美元的利润。

虽然公司转型成功，但是皮克斯公司在销售上获得的利润有限。《顽皮跳跳灯》和《锡铁小兵》的成功让乔布斯看到了卡特穆尔和史密斯的天才之处。他们因为这两部动画短片获得了一个又一个奖项，让乔布斯看到了这个领域的前景。拉塞特决定和迪士尼公司进行合作。

杰弗里·卡曾伯格是迪士尼公司的电影制作人，他很喜欢拉塞特制作的动画电影的风格，于是他提出了见面。

"《顽皮跳跳

灯》和《锡铁小兵》这两部短片动画，时间都在5分钟之内。"拉塞特说道："我们可以制作出一部关于圣诞主题的动画片，时间能够长达30分钟。"

卡曾伯格听到这些，不禁有些激动。他们正是需要这种类型的动画片。

拉塞特说："影片是能制作出来的，但是我们没有资金，希望能得到迪士尼公司的支持。"

虽然卡曾伯格对皮克斯公司的计算机动画技术非常感兴趣，但是并没有马上做出承诺："你们的动画电影我非常赞赏，但是我需要一点时间，才能做决定。"

卡曾伯格回到迪士尼公司，和总裁迈克·艾斯纳申请了项目。没想到迈克很快就同意了。两家公司用最短的时间签订了协议。协议的范围超出了拉塞特的预想，因为迪士尼一方不仅提供了资金，还包揽营销和发行。

这个情况让乔布斯非常兴奋，他知道若是得到了迪士尼公司的帮助和支持，那么成功就在眼前。

迪士尼在动画电影制作上有很大的优势，它在市场占有相当大的份额。而皮克斯只是一个刚刚起步的小公司，只拥有技术。两家公司的合作，迪士尼占很大的优势，所以皮克斯只能获得12%的利润。

除此之外，迪士尼要求整个动画设计必须要一直是拉塞特承担，如果他在中途离开，那么这个协议就作废；迪士尼

还要求玩具或体育用品等等与动画相关的产品权利，这些利润都要归迪士尼所有。

虽然迪士尼的要求严格了一些，但是没有钱什么都做不了，乔布斯非常欣喜地签下了这份合约。皮克斯公司顺利地拿到了迪士尼公司投入的2700万美元的资金。

有了充足的资金支持，皮克斯公司迅速地投入到新动画电影的制作当中。

新创作的动画电影设立了两个角色。一位是叫"巴斯光年"的宇航员，一位是叫"胡迪"的牛仔警长。故事情节讲的是，这两个玩具平时总是吵吵闹闹，但是遇到真正的敌人时，它们却联起手来共同和敌人战斗，最后打退了敌人。

这部电影的灵感是拉塞特在看到自己的侄子玩玩具之后得到的。拉塞特展开了大胆的想象，他试着让玩具也产生灵魂。最后完成了这个剧本，并把它命名为《玩具总动员》。

迪士尼公司一直宣扬的主题是"美"和"爱"，所有的角色都是正面、善良的。

这部电影却完全颠覆了迪士尼传统的角色特点。故事中，"巴斯光年"和"胡迪"总是为了自己出风头而排挤对方，两个角色身上都有很多的缺点。所以，当迪士尼公司高层看到这个剧本之后，出现了很多纷争。

1993年11月，迪士尼暂停了这部动画的制作。

得知这个消息，乔布斯拿着刚刚签下不久的协议就有些

迷茫了，这样的情况是他万万没有想到的。对于皮克斯公司来说，这无疑是一个重磅炸弹。拉塞特非常沮丧。可是很快，乔布斯就意识到问题出在哪里。

迪士尼的价值观和这部动画片的价值观不同，那就改剧本好了。

乔布斯对拉塞特说道："不要被突发情况所干扰，现在要做的是抓紧行动！要赶紧抓住机会！"

拉塞特听了乔布斯的话，一下子清醒过来，马上投入到剧本的更改中。作为一名非常优秀的动画电影制作人，在认真思考之后，想到了对影片更改的好方法。

在影片的开头，拉塞特增加了几个场景。他让胡迪变得热情有爱心，经常帮助一些有困难的玩具。给玩具做了形象上的修改，就会被观众认可了。

迪士尼的高层看了新剧本之后，非常满意。于是，它们同意和皮克斯公司继续合作。

经过所有人的努力，这部《玩具总动员》终于完成了。这是一部完全由计算机完成的动画电影。只要电影上映，一定会引起巨大的轰动！这时，乔布斯有了一个大胆的想法：借着这个机会，让皮克斯直接上市。

1995年11月，对迪士尼和皮克斯公司来说，都是一个很重要的日子。《玩具总动员》一共举行了两场首映式。一场是迪士尼公司举办的，一场是皮克斯公司举办的。

第十二章　合作迪士尼

迪士尼公司在洛杉矶举办首映，邀请了很多电影界的名人，比如汤姆·汉克斯、史蒂夫·马丁。乔布斯在首映仪式上邀请了一些硅谷的大腕，比如拉里·埃利森、安迪·格鲁夫、斯科特·麦克尼利等人。

观众们都被电影的制作技术惊叹，也被故事情节深深吸引。这部电影在北美获得了很高的票房，一周的时间就收入了3000万美元，在美国的票房就有1.92亿美元，全球票房加起来有3.62亿美元。

皮克斯公司借着播放狂潮顺利地上市了。公司第一次公开招股就让乔布斯狠狠地赚了一笔。皮克斯公司的第一天股票交易就涨到了39美元。

在一次又一次的失败之后，乔布斯经验越来越丰富，也变得越来越理性。在他不断地努力下，皮克斯成了计算机动画电影的领先者。这一次的成功是乔布斯命运的转折点，他的事业开始攀向高峰。

《玩具总动员》的上市开启了乔布斯的另一段全新人生。他不再是背负债务的老板，而是一家超过15亿美元的公司的首席执行官。

眼下乔布斯要做的就是让皮克斯公司迅速地成熟起来，逐渐成为一家有知名度的公司，并打造成一个品牌。

他及时向迪士尼公司提出了修改协议，修改的内容只有三点：一是他们在制作电影时，不受迪士尼公司的影响；二是皮克斯公司成为一个独立品牌；三是所有电影的标注和迪士尼的大小一样。因为这三点协议和迪士尼的利益不发生冲

突，所以迪士尼很快就同意了修改。

在修改三点协议中可以看出，乔布斯逐渐成为一名领导者。皮克斯公司正在培养更多的计算机电影动画方面的人才，乔布斯紧紧地抓住了这个机遇。

在接下来的时间里，皮克斯公司陆续上映了《玩具总动员2》、《海底总动员》、《虫虫特工队》和《怪物公司》这四部动画电影，并且票房也如期望中的一样持续上升。

成长加油站

通往成功的道路不止一条，当发现其中一条道路走不通时，可以换一种方式找寻另一条路。当发现眼前的这条路是正确的，就要认准目标坚定地走下去。成功的机会往往是转瞬即逝的，适时地抓住机会，你会发现，不仅少走了很多弯路，胜利也会在眼前。

延伸思考

1. 乔布斯在和迪士尼公司合作之后做了哪些事情？

2. 在皮克斯公司与迪士尼公司合作一波三折的过程中，乔布斯所表现出来的哪些精神值得我们学习？

第十三章　堕落的苹果公司

1998年11月25日，皮克斯公司的一部动画电影上映，名字叫《虫虫特工队》，年底票房达到了1.14亿美元。这是一次采用3D技术制成的电影，不禁让观众眼前一亮，每个人在观看电影的过程中都仿佛走入了电影中的情节。它还获得了奥斯卡音乐奖项的提名。

1999年《玩具总动员2》上映之后，反响比第一部更激烈，票房远远超过了第一部。在美国收入达到了2.46亿美元，全球收益4.85亿美元。皮克斯公司在动画电影届有了不可撼动的地位。

皮克斯公司现在已经得到了认可，乔布斯便想着要盖一栋能显示公司形象的总部大楼。乔布斯和管理团队找到了一个废弃的水果罐头厂。

乔布斯找到建筑师彼得·柏林，在这块位于伯克利和奥克兰之间的区域设计一栋大楼。一切准备好后，就开始行动了。

新楼从设计理念到建造方式这些细枝末节的地方，乔布斯都时刻关注着，他精心细致的个性完全表露了出来。卡特穆尔说道："乔布斯坚信这栋新楼的设计会对公司文化起到非常大的作用。他操控着大楼的设计，就像导演在精心拍一

场电影。这栋大楼就是他自己的电影。"

拉塞特最初的想法是创造一个工作室，每栋大楼负责一个项目，但是这种意愿被迪士尼的同事拒绝了。原因是他们觉得这样一来，同事之间的关系就会变得疏远。

乔布斯听了迪士尼的员工说完后，表示自己也是这样想的。他说道："我们现在正在逐渐走入一个网络时代，正是这样的时代，会让人与人之间存在陌生感。"

正是由于这个原因，乔布斯将这栋新大楼设计成了能"偶遇"的场所，以此来增加人们之间面对面的交流。他觉得如果没有这种"偶遇"机会，人们的创意和想象力就会减少。

乔布斯说："我们设计这栋大楼的目的，是希望每位员工都能走出办公室，到中庭的位置走动走动，见一见平时见不到的人，增加彼此之间的熟悉感。"

事实证明，乔布斯的想法是正确的。在大楼建成之后，拉塞特就接连见到了几个月都碰不见的人，他吃惊地说道："我从来没有见过哪栋大楼的设计能够激发合作和创意！"

2001年11月，《怪物公司》第三次获得奥斯卡奖的提名，影片把孩子的顽皮天真刻画得非常形象。美国票房达2.55亿美元，全球票房5.25亿美元。

2003年5月，《海底总动员》打破了《怪物公司》的票房。故事主要讲了小丑鱼尼莫离开家之后被一个潜水员抓住了，尼莫的父亲千辛万苦寻找儿子，最后终于团聚了的故事。

这个故事表现出了父亲伟大的爱，让无数人泪洒电影院。

并且以另一个视角向人们展示了海底世界的绚烂多姿和神秘多彩。在观众得到心理安慰的同时,也得到了视觉上的安慰。

这几部动画电影上映之后,皮克斯公司不仅获得了金钱,还获得了电影制作的好名声。如今的乔布斯不再是那个接二连三失败的老板,皮克斯公司也不再是没有底气的小公司。无论是在技术、品牌还是人才上,已经运行得越来越好,在计算机领域也有了不可撼动的地位。

迪士尼再一次和皮克斯谈合作时,乔布斯掌握了主动权。在利润划分上,皮克斯公司要90%获利,只给迪士尼7.5%。两个公司调换了角色,迪士尼并不同意这个要求。于是,双方都陷入了僵局之中,并且持续了10个月。

不巧的是迪士尼公司也迎来了内外交困的情况。美国最大的网络运营商要以660亿美元收购迪士尼。为了摆脱目前的这种困境,高层领导开会,一致决定收购皮克斯公司来缓解危机,最初的合作谈判到后来变成了收购谈判。

与迪士尼的合作能巩固皮克斯在动画电影界的地位,经过双方的沟通与协商,最后顺应了乔布斯的意愿,共同签约了协议。

2006年1月,皮克斯公司以74亿美元的价格被迪士尼收购。乔布斯成了迪士尼最大的个人股东,拥有7%的股份。这是一次双方都获利的合作。

后来,只要是皮克斯公司出产的电影,票房都是相当高。

如今乔布斯的公司如日中天,那么苹果公司的现状如何呢?1985年,乔布斯被自己一手创办的苹果公司挤走之后,苹

苹果之父乔布斯

果公司经历了很长时间的一段上升期。在乔布斯走后的8年时间里，在斯卡利的带领下，苹果公司的年收入从8亿美元上升到80亿美元。

但是这种上升趋势并没有保持多久。苹果公司和好多发展机会失之交臂。在后几年里，苹果公司的趋势开始下滑。因为苹果公司研发出来的计算机只能用自己的操作系统才能使用，这一点让消费者难以接受。

微软开发出了自己的系统，名为"Windows系统"。"Mac"计算机页面也很快被微软所取代。苹果公司花费大量资金研制的"Mac"很快就被打败了。

20世纪90年代是互联网时代，以雅虎、谷歌为代表的网络新贵逐渐出现在人们的视野当中。为了避免被新兴软件公司击败，微软公司研发了一款新软件，名叫"探索者"，就是我们熟悉的网络浏览器——IE。微软把浏览器捆绑在Windows系统里，如此一来，微软公司有了与其他公司抗衡的能力。

各个公司的竞争相当激烈，但是与之竞争的却没有苹果公司，说明苹果公司在这个时候已经非常落魄，甚至面临着倒闭的状态。

为了不让自己的公司倒闭，斯卡利准备研发一款新项目——个人数字助理器。这款助理器小巧，方便携带，它有个人组织和通信功能，只有一本书的大小。这款产品能取代

日记本，帮助人们记工作或日记。他找来研发中心ATG的创建者拉里·特斯勒来负责这个新项目。把这个产品命名为"牛顿"，对它有很大的期待。

1992年1月，斯卡利带着产品到美国参加消费电子展，像乔布斯当年那样展开了激情的演讲。但是，这次的演讲并没有多大的反响，一直到1993年底只卖出去12万台。

原因是这款产品使用起来不方便，不仅速度慢，而且手写辨识率也很低。虽然苹果公司已经极力地把它变小，但还是不能控制在能携带的程度。最重要的一点是，在研制这款产品的时候，公司投入了大量的资金，成本难以控制，所以每台的价位在900美元以上，让消费者很难接受。

1993年，苹果公司在万不得已的情况下再次裁员，裁员人数达到2500人。6月，斯卡利的CEO职位被解除，代替他职位的是迈克尔·斯平德勒。

优秀的领导者是能够带动员工为公司创造价值的，但只靠努力是解决不了大问题的。而迈克尔·斯平德勒并不知道苹果公司的问题出在哪里，所以他并没有解决公司面临的问题。

1995年，苹果公司最后一个财季就亏损了6900万美元。公司45位副总裁中有14位都已经离开了。苹果公司一下人财两空，面临着非常严峻的问题。

1996年1月，公司并没有出现转机，斯平德勒一下子辞退了1300多名员工。

不久，这种情况被乔布斯知道了。他眼看自己一手创办的苹果公司面临着这样的问题，决定主动出击，挽救苹果公司目前的命运。让他没有想到的是，自己的好心并没有赢得

苹果公司董事吉尔·阿梅里奥的认可。

　　阿梅里奥想要靠自己的能力转变苹果公司的危机。他对苹果公司目前存在的问题做了理性的分析，想出了解决的办法。但面临的问题是，虽然方案制作出来了，但是没有优秀的工程师能完成这项任务。阿梅里奥决定从外面找一个合作伙伴，乔布斯听到这个消息之后，觉得自己的机会来了。

成长加油站

　　一个有真本事的人，无论在什么情况下，无论遇到什么事情，只要他勇于创新，展示出自己的实力，他依旧可以重新再来。乔布斯即使被苹果公司除名，但是他身上始终有一种顽强不息的精神。所以，一个人的成功并不是靠外界环境成就的。只要勇于拼搏，敢于面对困难和挑战，无论在什么时候都能成功。

延伸思考

1. 乔布斯被自己一手创办起来的苹果公司除名，当苹果公司遇到危机的时候，他是怎么做的？

2. 曾经辉煌的苹果公司为什么出现了危机？

第十四章　重回苹果公司

乔布斯的NeXT公司开发的NeXTSTEP是可以和Windows操作系统匹配的。苹果如果不和微软合作，那么一定就会和自己合作。

乔布斯来到苹果公司，表达了合作的意愿。苹果公司觉得NeXT的操作系统确实适合苹果公司，不仅简单便于操作，而且能和互联网结合在一起。如果和NeXT合作，那么苹果公司将在互联网时代大大提高竞争力。

考虑到这些方面的因素，苹果公司并不是想与NeXT合作，而是直接收购NeXT。

1996年12月，双方意见达成一致。乔布斯成了苹果公司的顾问，重新回到了自己一手创办的苹果公司。

1997年，由于苹果公司前任CEO留下许多没有处理好的种种工作，乔布斯决定临时做回CEO。此时，苹果公司的情况非常严重，股票价格降到了最低，产品也乱成了一团麻。员工们在这种条件下工作更是惶恐不安。10月份时，亏损金额已经达到了1.61亿美元。

乔布斯一进入苹果公司，就迅速投入到工作状态。在前

苹果之父乔布斯

几个月,他甚至每天工作15个小时。虽然这么多年过去,乔布斯变得理性了很多,但是他骨子里的傲慢和创业激情并没有被时间所消磨。他一心希望苹果公司能够成为一流公司。他心里清楚,公司需要人才,人才是公司的生命线。

乔布斯依旧是有所改变的,他不再是以前那个莽撞的男孩儿,而是变成了一个成熟的,有理性思考能力的大人。要挽救苹果公司,就要从公司的各个部门下手,乔布斯心里已经有了方案。

他先是指出产品的问题所在,并集中问题进行处理。他要求缩短生产线,开发有实力的主打产品,并撤销掉了马库拉的董事职位。

苹果公司的生产线过长,拖慢了公司的核心任务,这就让公司的产品很难有明显的优势。乔布斯清楚地认识到,目前公司的产品并没有优势占领市场,所以,他开始整合优势资源,尽全力打造具有竞争力的优秀产品。

从以往的失败中吸取了教训,乔布斯懂得了合作共赢的重要性。

他决定不再让苹果公司单独行动,而是主动去寻找合作伙伴。

乔布斯找到曾经的竞争对手——微软。想要打入市场,第一步就是要和一流公司合作,而微软在当时的市场上恰恰是一流的公司。

两个公司合作之后,苹果可以借助微软的力量开发Office软

第十四章 重回苹果公司

件，微软可以摆脱与苹果公司的专利权官司，并且能推销自己的IE浏览器。这次彼此获利的合作，让双方友好地达成一致。

早些年，乔布斯对员工苛刻，让他们并没有获得任何的股份，而在经历过这么多次的经验之后，乔布斯把股份作为员工业绩突出的奖金。这种福利果然大大增加了公司员工的热情。

在乔布斯的身上，能够看出他受到养父深深的影响，逐渐成了一名经营主义者。在工作的过程中，他受不了任何的马虎。虽然他的这种个性使人们很难接受，但正是他这种个性，才让他在工作中出类拔萃，取得了一次又一次的好成绩。

乔布斯特别注重的是团队精神的培养，力求把公司的员工个个培养成精英。当然公司的员工也没有辜负乔布斯的期望，个个都是人才，这一点让乔布斯非常骄傲。

重新回到苹果公司之后，乔布斯下定决心要把苹果公司打造成一个上市公司。他的第一个目标就是要推出一款苹果专属的主打产品。

苹果针对的消费人群有两种，一种是追求时尚的大众消费，一种是商业或设计的专业人员。

1997年，电脑只有台式机和便携电脑。乔布斯在会议上给员工分析了即将要生产的产品的主要方向。经过会议决定，苹果公司未来几年的时间里要打造四款产品：专业人士

用的台式电脑和便携式电脑；普通群众用的台式电脑和便携式电脑。

目标明确后，乔布斯就要向着这个目标奋斗。他对董事会说，只要目标明确，任何人都没有权利提出和项目相违背的条件。有了财力和人力，乔布斯就开始行动。

刚刚回归苹果公司的乔布斯发现，公司眼下的状况完全是杂乱无章的。面对这种情况，乔布斯保持着理智的头脑，有序地撤销掉每一个混乱的环节。

乔布斯制定出的这四个目标是他经过多年的经验总结出来的。有了这些经验，他就拥有一眼看穿事实真相的本领，带领着公司的员工向目标奋斗。

1997年11月，针对高端人士的两款电脑问世。这两款电脑不仅定位准确，而且性能非常好，深受人们的欢迎。其中一款产品在一个季度里面就销售了13.3万台！

1998年8月，生产出了有彩色外壳的电脑iMac，这种有颜色的电脑一下子就吸引了不少消费者的眼球，仅仅半年的时间就卖出了80万台。

1999年7月，苹果生产的笔记本电脑也采用了彩色的外观设计，出现在大众的眼前，公司为它命名为iBook。

一次又一次成功验证了乔布斯的做法是对的。早在前几年，乔布斯刚刚创立苹果公司时，他就有明确的目标——制作最先进的电脑。

只是当时的资金周转不开，所以CEO换了一个又一个，

公司目标变得越来越模糊。到阿梅里奥上任时，公司的项目已经消减，但还是有很多。乔布斯上任之后，把剩下的项目减掉了70%，一下子为公司减轻了很多负担。员工们开始有时间去研究那些有需要的项目了。

不仅如此，苹果公司和很多国外公司的合作并不能给公司带来多少利润，所以乔布斯撤掉了与这些公司的合作。

在计算机市场上，乔布斯不仅注重产品的内部结构和性能，还在另一方面进行了改进，那就是机身的外形。彩色的iMac就是乔布斯带领团队更改的计算机代表。正是这个改动，让乔布斯带领的苹果公司走向了成功。

在早期时，乔布斯也对Mac的机身外形做过改变，但那个时候人们注重的并不是机器的外在条件，反而看中的是机器的用途，比如可以用来做报表或者打游戏等等。

直到1998年5月，iMac正式上市出现在大众眼前时，人们一下子被它彩色靓丽的外表所深深吸引！以前市面上的电脑全部都是黑白两色的，所以人们在视觉上产生了疲劳。这款iMac完全唤醒了人们的视觉需求！

1998年8月15日，iMac正式发售！让人意想不到的是，仅仅一个半月左右，iMac就销售出了27.8万台，半年的时间里，就销售了80万台！

iMac能够取得这样的成绩，并不单单是因为精美的外观，更在于它还有优异的性能。iMac这个名字的开头字母就代表了互联网，只要使用者打开电脑，就可以自由自在地在网上冲浪。

面对销量持续上升这一情况，乔布斯说道："iMac的设计就是从客户的角度出发的，客户需要什么我就能给他们什么。"

苹果之父乔布斯

陆坚曾是苹果主任工程师,他说:"颜色的变化有一个漫长的过程。中华人民共和国成立之后的一段时间,人们衣服的颜色比较单一,彩色是不被主流所接受的。但是随着时间一点一点地推移,人们能够接受的颜色越来越多,逐渐开始新的创新。这款iMac电脑利用了人们的心理,进行了一场彩色革命。"

成长加油站

想要成为团队中不可缺少的一员,就要比别人更加努力,更加勤奋。想要创新一件产品,就要不断思考,不断钻研。如果只是忙于眼前的事情,没有超前的意识,是不会做出什么成就的。当然一个团队只有团结起来,才能够做好一件事情。通过一个人努力就会成功的事情,在当今社会已经是少之又少。重视团队的合作才是最好的方法。

延伸思考

1. 回到苹果公司后,乔布斯面临着哪些挑战?

2. 乔布斯回到苹果公司之后,公司发生了什么样的改变?

第十五章　iMac和iPod

自从iMac在市场上得到了良好的反响之后，苹果公司开始了新一轮的创新，主要是对产品外在色彩方面做了很多改进。在接下来的时间里，苹果公司开发出了iBook、iPod、iPhone和mini等产品，颜色也在不断地变化。

从最初的黑色，逐渐改变成红色、粉色、银色等不同色彩。这种视觉上的改变和产品的新性能同时问世，让很多人喜欢上了苹果公司的产品。

苹果公司的商标也逐渐从彩色变成了白色。商标的变化寓意苹果公司不再是不成熟的企业，如今已经变得强大。

1997年，苹果公司在面临倒闭之际被乔布斯亲手挽回。乔布斯成就了苹果公司，苹果公司也给了乔布斯施展才华的舞台。1998年的第一个财季，苹果公司就已经从亏损转变成了盈利。

乔布斯之所以能做到这些，不仅仅是他的才华，还有他对苹果公司的感情。用他自己的话来说："苹果公司就像是我的初恋，不管最后的结果会怎样，都是我生命里最深刻的记忆。"

2000年1月15日，乔布斯正式成为苹果公司的CEO。正在苹果公司如日中天时，对手出现了。那就是以戴尔为首的PC厂家。

苹果之父乔布斯

戴尔主要用的是网络直销模式,销售成本很低。它们在价格方面开始对苹果公司进行狙击。面对这种情况,乔布斯显得比较冷静。他心里清楚个人电脑现在已经没有更多的市场,所以他开始另辟新路。

乔布斯的做事风格很果断,在他定好目标之后,就毫不犹豫地中止了正在进行的项目。他把目标转向另一个领域——数字音乐播放器。

这个时候音乐播放器已经存在了,只不过这种播放器的内存很小,而且价格方面也并不能被消费者所满意,所以销量和市场空间并不是很理想。正版的音乐是要付费才能听,停止付费以后音乐就中止了。乔布斯在思考之后,决定向这个方面发展。

2001年,苹果公司新研发了一款软件,名叫iTunes。这款软件能让消费者自由下载音乐,并且有足够的储存空间。这种举动让很多大公司非常气愤,因为苹果公司并没有自己的音乐部门,所以消费者下载的音乐全部都是盗版的。

迪士尼公司总裁迈克尔·艾斯纳批评了乔布斯为苹果iTunes制作的广告,他在给参议院委员会的声明里写道:"一些计算机公司在广告上写着'混制、刻录',所有买这款计算机的人都是在偷窃!甚至他们可能把内容分享给自己的朋友。"

艾斯纳并没有考虑到,皮克斯公司和迪士尼合作的《怪物公司》全球的票房达到了5.25亿美元,现在是两个公司合作的黄金期。他的这一做法让乔布斯都难以置信,乔布斯被彻底激怒了,他打电话给迪士尼公司的高层:"你们知道迈克尔对我做了什

么吗?!"

迈克尔·艾斯纳和乔布斯的生活背景虽然不一样,但是两个人的个性却是非常相似。他们都有非常强大的意志力,并且都不愿意妥协。最重要的一点是,两个人对工作非常执着。为了提升游客体验,艾斯纳纳曾经一遍一遍地搭乘迪士尼的"野生动物号",但两个人的管理方面都不是很好。

数字音乐播放器储存量大,携带方便,但是因为有正版音乐需要付费收听的局限性,所以在市场上它很难受欢迎,导致"随身听"占了市场的主导地位。

乔布斯心里清楚,在数字化的时代,数字音乐有很乐观的前景。"随身听"只能按顺序播放,并不能满足消费者的心理需要。所以,乔布斯打算出一款能够任意切换音乐的产品,满足市场需要。

产品还没有研发好,乔布斯就已经想好了名字——iPod。并且已经想好了它的外观,无非就是两点:一是精致小巧,二是外形漂亮。

在6个月的时间之内,这款产品研发成功。产品完全符合乔布斯的设想:它的外形瘦长扁平,方便携带;有非常大的内存量,操作简单。

2001年10月,iPod正式上市。2002年开始,数字音乐逐渐进入人们的视野,但这个时候iPod的售量并不是很好,因为每一台售价399美元,超出了人们的预想,所以第一年的销量只有10万台。

面对这种情况,苹果公司对iPod进行了改造。更改成除

苹果之父乔布斯

了能在苹果机上使用之外,还能让PC用户使用。同时,乔布斯把以前开发过的iTunes变成了网络音乐销售平台。

在这种关键时刻,乔布斯说服了五家公司,让他们为iTunes网上提供音乐内容的同时,也让iPod能够播放使用。每卖出一首歌,这五家公司都会获得65美分的利润,而苹果公司只要1美分。

乔布斯用这种方法推动iPod的销量。在这种条件下,五家公司都与乔布斯达成了一致。方法果然奏效,在接下来的两年当中,iPod销量立马增加到1000万台,年销售额达到了10亿美元多。

2004年,iPod的销售额就达到了80亿美元,占了苹果公司总销售额的40%。产品的畅销形成了苹果公司的产业链,一时间,各个公司都开始为苹果公司服务。大到汽车公司,小到耳机皮套等等。

这又一次验证了乔布斯的聪明与天才能力。

2004年的一天,乔布斯享受在自己的努力带来的美好日子。他惬意地沐浴着午后的阳光,悠闲自在。

突然,他对身边的工程师说:"我要制作一块既可以弹钢琴又可以看电影的玻璃!"

2005年,iPod销量暴涨,达到了2004年

第十五章　iMac和iPod

的4倍。不仅如此，iPod的销量带动了Mac的销量，为苹果公司打造出良好的企业形象。

而这个时候，乔布斯开始了担忧。他觉得手机和苹果公司的产品存在竞争力，那么是不是要把自己的产品改造一下呢？于是他召开了董事会。

"现在的手机都开始配备摄像头，能照相也能录像，导致数码相机市场正在下滑。这种情况或许也会发生在iPod身上，如果手机开发商将音乐功能放到手机里面，人们就不再需要iPod了。"

乔布斯天生不会合作，但是此时，他要与另一家公司合作。摩托罗拉的CEO和乔布斯是好朋友，于是，两个人在一起商量着合作的事情。

摩托罗拉有一款畅销的手机，乔布斯的意愿是把iPod放置在这款手机里面，合作愉快地达成，很快"摩托罗拉ROKR"就问世了。这款手机的外形丑陋，下载音乐速度慢，最多只能容得下一百多首，这和乔布斯当初的意愿完全不一样。有一天，他在《连线》杂志上说了一句嘲讽的话语："你们把这个东西叫作未来的手机？"

乔布斯终于无法忍受，在一次iPod产品大会上，他说道："我受够了和摩托罗拉这样愚蠢的公司打交道，我要自己研发一款产品！"他拿出一款手机说道："看到没有，这简直就是愚蠢的设计！"

乔布斯团队却因为老板的发怒而兴奋，因为他们有机会打造属于自己的产品了。

2005年，全球的手机销量达到了8.25亿部，消费人群从小

苹果之父乔布斯

学生到老人都有。由于上市的这些手机质量都不是很好,所以,要是做出一款设计良好的手机,是非常有市场空间的。

乔布斯把这项任务交给了法德尔团队。他们想在iPod的基础上打造一款手机,人们可以通过滑动屏幕来完成任务,并不需要按键,也能输入数字或文字。

与此同时,苹果公司正在制造一款平板电脑。这款平板电脑的屏幕采用的是玻璃材质。苹果公司原计划使用塑料材质,但是乔布斯坚持认为玻璃屏幕会更加优雅一些。于是,他开始寻找结实的玻璃。乔布斯把目光投向了亚洲。

成长加油站

乔布斯不仅了解电子产品的市场,而且抓住了人们的眼球和心理。根据人们的需要,设计出焕然一新的产品使人们眼前一亮。企业产品就是这样,想要推广自己的产品,就要提前知道人们所需要的是什么。想要制造出什么样的产品,就要努力钻研。正是有了乔布斯这种具有顽强不息的精神的人,才会改变我们的世界,让人们走向高端的互联网世界。

延伸思考

1. 面对戴尔的挑战,乔布斯想出的应对策略是什么?

2. 为什么iPod的销量会带动Mac的销量?

第十六章　iPhone诞生

德尔·威克斯是康宁公司的CEO。乔布斯拨通了康宁公司的电话。

"我是史蒂夫·乔布斯,请让威克斯接一下电话。"乔布斯说道。

接电话的是威克斯的助理:"您有什么事情,请直接说吧,我会把内容传达给威克斯的。"

"不,我要他直接接电话。"乔布斯说道。

助理拒绝了他的请求。乔布斯打电话给康宁公司的另一个人,说了自己的事情。威克斯听说了这件事情以后,打电话到了苹果总机。

"你好,我是德尔·威克斯。我想要和史蒂夫·乔布斯通话。"

"请把你的请求用传真的方式发过来。"

威克斯照做了。乔布斯知道了这件事情以后,对威克斯的好感大增,并邀请和他见面。

乔布斯向威克斯介绍了自己想要的玻璃类型。威克斯说

道:"我们公司在20世纪60年代研发出一种叫作'金刚玻璃'的材料,但是由于当时没有市场,就停产了。"

乔布斯听完后怀疑是他们的玻璃不够好,并主动跟他讲起玻璃的制作材料和过程。他的讲话被威克斯打断,因为在这方面,威克斯比他在行得多。

听威克斯讲完之后,乔布斯打消了对玻璃质量不好的顾虑,说道:"我希望你们能在6个月之内重新制作出这种玻璃。"

这一请求让威克斯大吃一惊,他不敢相信乔布斯会提出这种条件。

"我相信你们可以的,只要动动脑子,就一定会做出来的。"

后来,威克斯在回忆这件事的时候说道:"我们真的在6个月之内做到了。我们生产出了从没有制造过的玻璃品种。公司里最优秀的科学家和工程师都在这6个月的时间里,完全集中投入到这个项目中来,最后,我们成功了!"

在威克斯的办公司里摆放着一个纪念品,上面是iPhone推出之后,乔布斯发来的信息:"如果没有你,我们做不到。"

2007年,乔布斯邀请了安迪·赫茨菲尔德和史蒂夫·沃兹尼克亚,并带领着自己的"Mac"团队来到旧金山,参加iPhone在旧金山的Macworld大会。

乔布斯登上演讲台,说道:"世界上每隔一段时间,就会出现一个革命性的新产品。"在接下来的时间里,他并没有直

截了当地推广新产品的好处,而是给产品渲染了神秘的气氛。

乔布斯接着说道:"我要给大家隆重介绍的一款产品,名字叫iPhone,它也是一台革命性的产品,汇集了三款产品的功能于一身。第一,它能随意播放自己喜欢的音乐;第二,它具备手机的远程通话功能;第三,它不仅能照相还有视频播放器。这是一款人们无法想象到的产品,然而我们做到了!"

iPhone的设计非常简单,完全超出了人们的想象。采用了触屏技术,机身只有一个按钮。乔布斯认为,iPhone的出现比其他手机至少要早5年。iPhone的出现也确实引起了人们的关注和期待。

2007年6月,iPhone正式走向市场。首先推出了两款机身内存是4GB的和8GB的,价位初步定在499美元和599美元。和预想的一样,很多人都来购买iPhone手机。这种狂潮让苹果公司的股票价格一路上升,每股达到100美元,股票成交量是以往的4倍。

2007年,苹果公司的销售收入达到了240亿美元,比以往增长24%,股票从84.84美元涨到了198.08美元。面对这种大好形势,苹果公司快马加鞭地研发新产品。2008年,iPhone产品升级。

乔布斯喜欢这种挑战新事物的感觉,一次又一次地突破让他感受到自己才华施展的乐趣。这种不断创新的思维不断地推动了苹果公司的飞速发展。正当人们陷入iPhone狂潮的时候,苹果公司又推出了一款振奋人心的产品。2007年8月,iMac

计算机配套使用的软件问世。

这款全新的iMac是由铝和玻璃材质打造的。机身全部都是白色的，在视觉上给人们非常舒适的感觉。键盘采用的是金属材质，有两款不同的版本，一个宽一个窄。价钱在1199~1799美元之间。乔布斯完全抓住了消费者的心理，所以在他的带领下，苹果公司一直坚持做一件事，就是提升用户体验值。

曾经对企业市场不感兴趣的乔布斯，如今也进军企业市场，他准备把炙手可热的iPhone推向企业市场。

乔布斯想要通过开发一款软件增加iPhone的性能。但是如果苹果公司这样做的话，就会和黑莓手机的制造者RIM发生冲突。如果真的是这样，两家势必会发生一场激烈的交战。

乔布斯的个性是非常强势的，即使会发生这种现象，他也不会在意。他对自己的公司所生产出来的产品完全有自信，根本不担心会有竞争的关系发生。

虽然目前iPhone手机有非常好的销量和卓越的性能，但是想要进入企业用户市场，并不是想象中那么简单的事儿。苹果公司首先是要树立良好的形象，改变营销方式。甚至在很多方面，iPhone要学习黑莓手机的做法。

乔布斯觉得想要让iPhone更快地进入企业市场，第一个要考虑到的是掌握产品采购权的信息官的心理，其次再考虑的是都用iPhone手机听音乐的大众。因为苹果公司要面对的RIM已经占领了企业市场很久了，早在很久以前就有了1200

第十六章　iPhone诞生

万的忠实用户。

有人对乔布斯提出建议，想要苹果进入企业市场，就必须要不断更新iPhone的功能。乔布斯对公司的前景也有着理性的分析和判断，所以他暂时离开公司，到市场做深入的调查。

事实上，从乔布斯宣布苹果进入企业市场开始，就有很多人表示怀疑。他们觉得乔布斯不好好做个人市场，反而转型到企业市场有些不切实际。但是乔布斯并不在意这些，他只一心钻研自己的工作，想着自己工作的目标，并且不受干扰地向自己的目标前进。

乔布斯的个性从少年时代到中年都在时刻追求完美，他不允许自己的工作在任何情况下出现一丝一毫的错误。

当初在刚刚开发iPhone时，乔布斯就把他追求完美的个性发挥到了极致。他先是让工程师把产品开发出10~15个，然后从这几台机器里面选出一台最满意的，他接着让工程师们开发出100台机器，再从这100台里选出符合预想的10~15台。在最后的环节中，乔布斯会亲自选出一个比较满意的iPhone手机。

在整个开发产品的过程中，乔布斯一直坚持自己的原则，他说道："我们开发出来的产品就是设计不变的宗旨。我没有时间解释为什么在这个过程中要这样烦琐。只有反复地检查和摸索，这样才能制作出让人满意的最新型产品。这也是用户想要得到的东西，更是苹果公司的宗旨。"

虽然乔布斯的个性让人不能忍受，但是正是因为他的高标准，才能制作出来像iPhone这样完美的产品。就在iPhone卖

得如火如荼的时刻，意想不到的事情发生了。

2007年，环球公司作为全球五大唱片公司之一，与苹果公司在谈判的过程中谈崩了，导致苹果公司的产品降价。而此时，亚马逊与另外四个公司谈判得非常顺利，导致亚马逊获得了音乐许可权，并且很快就推出了数字音乐服务，这对苹果公司来说是一个巨大的打击。

外在的公司联合起来对苹果公司进行打压式的攻击，让苹果公司面临着非常大的考验，公司一下就陷入了僵局之中，前途开始变得迷茫。

成长加油站

想要改变世界，就要打破传统的理念，打破原有的束缚。敢想、敢做才是最可贵的精神。只有站在当前时代的最前方，不断地加以探索和创新，才能发展远见的目光，引领新时代的潮流，做出全新的突破。一直陷在自己思想的牢笼里，即使有远大的报复，也不会做出明显的创新。

延伸思考

1. 乔布斯是怎么解决iPhone屏幕的玻璃问题的？

2. 乔布斯为什么说iPhone是一款革命性的产品？

第十七章　斯坦福大学演讲

在这种严峻的情况下，乔布斯果断放开了最初iPhone不能在第三方软件运行的规定。这样一来，任何第三方的软件都能在iPhone上使用。乔布斯用这种方法又一次吸引了一部分消费者，巩固了苹果公司在市场上的地位。

在影视内容上乔布斯采用了租赁形式，但是有一些公司不看好这种模式，他们担心乔布斯采用的这种模式会给电影院和DVD带来影响。

乔布斯与合作方谈的条件是DVD上市30天后可以租赁，租赁的时间是24小时，这样就解决了人们的担忧。双方达成一致，新片每部观看价格为3.99美元，旧片是2.99美元。这种方式很快就出现在大众眼前，人们可以在iTunes上随意地看自己想看的电影。

通过这几年的经验和失败，乔布斯变得越来越理性，他不再像以前那样只顾自己的公司，而是与其他企业进行合作。这种转变让苹果公司在激烈的市场下获得了更多的同盟者。

在进军企业用户市场的过程中，乔布斯又开始设计苹果

产品专卖店。他把专卖店的地址都定在了城市最繁华的地带。他开设了一个"顾客体验"的项目，让来到店里的顾客可以随意地使用苹果产品，顾客尝试到这种产品带来的便利，就会有购买欲望。

体验式的项目不仅为苹果公司争取到了很多消费者，而且这种企业联盟的模式让苹果公司更加有竞争力。苹果公司利用这种方法，为以后成为新领域的霸主奠定了基础。

乔布斯之所以能成为公司的主要领袖，是因为从最初创建苹果公司开始，他就全身心地投入到这份事业当中。在乔布斯的带领下，整个公司都受到了他追求完美的性格的影响，成为一个优秀的团队。

苹果的标志有一个缺口，变成了一个"不完美"的苹果，可即使是这样，公司"追求完美"的精神依然存在。苹果公司的产品都是站在消费者需求的角度出发，所以每一次问世都会引起新潮流。

在企业方面，苹果公司并不是把产品推上市以后就不管不问了，反而是更注重消费者的反应。在产品的细节方面，乔布斯追求的是质量，他总是让自己的产品比别人优秀一点点。注重细节的乔布斯带领着苹果公司在市场上得到了非常好的效果。

2008年，乔布斯推出了一款超薄的笔记本电脑，并为它取名为"MacbookAir"。所有的观众都为MacbookAir的问世感到吃惊，他们从来没有见到过这么薄的笔记本电脑。

乔布斯非常满意自己的作品，他兴奋地对大家说："虽然我们的这款电脑超级薄，但是它的屏幕并没有因为这一点而改变，仍然是13英寸，键盘也和普通的电脑是一样的。"

观众们听了都叹为观止。乔布斯带领着公司不断创新，让他有了"爱冒险的亡命之徒"的称号。

人们开始对乔布斯有了更大的期待，期待他有一天能够制作出更强大的产品，也让人们看到一个更强大的公司。乔布斯也一直坚信自己可以做到。

2003年，乔布斯感觉自己在工作的时候身体不舒服，感觉有说不出的无力感。可是深陷在工作中的乔布斯并没有当回事儿，他还是每天夜以继日地工作，并没有注意到自己身体的病症越来越明显。

10月份的时候，乔布斯还是来到了医院。医生给他进行了一次全面的检查，果然检查出了问题。医生委婉地和乔布斯说道："工作不要太拼命了，有时间带上家人去玩玩吧，享受一下美好时光。"

乔布斯听出医生话里有话，说道："你就直接告诉我吧，我的身体哪里出了问题。"

医生无奈地说道:"非常遗憾,你得的是一种非常罕见的癌症。你的胰脏上长了一个瘤,很可能是胰腺癌。"

乔布斯问:"胰脏长在身体的哪个位置?"

医生指了指自己身体胰脏的大概位置,一向自信满满的乔布斯忽然觉得自己眼前有点晕。

但是该来的总是要来的。乔布斯和医生商讨治疗方案,决定先从乔布斯体内取出一点癌细胞的样本,再进一步做观察。

在妻子的陪同下,乔布斯登上了手术台。医生给乔布斯注入了麻醉,没过多久,乔布斯就昏睡了过去。医生把窥镜从乔布斯的喉咙插入,他的妻子看到这一幕,觉得此时的乔布斯变成了医生的"实验品"。

通过医生的化验分析,最后确认乔布斯得的是胰腺癌,生命只有9个月的时间。在美国,平均每年有43000例胰腺患者的最多寿命都只是活9个月。这个消息对乔布斯来说是个大的打击。医生让乔布斯尽快做手术,最初乔布斯并不想手术,想要通过食疗控制病情,但是在医生的强烈建议下,乔布斯还是做了手术。

2004年7月,已经过了医生预期的9个月,乔布斯并没有被可怕的胰腺癌夺走生命。主治医生发现,乔布斯身体的癌细胞并没有扩散,进一步研究发现,乔布斯并不是得的胰腺癌,而是胰腺神经分泌肿瘤。

这种病症比胰腺癌的发病概率小很多，至少能多活5年的时间。经过治疗癌症的专家的手术之后，乔布斯又重新恢复了健康，正式开始工作了。

人们都为之惊叹，乔布斯不仅在事业上能获得这么大的成功，而且就连癌症都夺不走他的生命。

有趣的是，当苹果公司的员工当初得知乔布斯只有9个月的时间之后，股票受到了很大的影响，甚至有些股民撤资了。但是当他们看到乔布斯又重新回到公司之后，都受到了很大的鼓舞，工作状态又恢复到从前的样子。股票开始停止下跌，甚至回涨。这一切都能说明，乔布斯的影响力是多么巨大！

为了证明乔布斯的肿瘤已经被完全切除了，艾森医生还特意发表了一篇声明。但即使是这样，外界根本就不相信乔布斯能够战胜病魔，完全康复。外界的舆论声对乔布斯和苹果公司都不是什么好事，所以乔布斯在斯坦福大学举办了一次演讲，来打消人们的顾虑。

乔布斯讲了自己从一无所有到走向辉煌的艰辛路程。他以这种方式让大家看到真实的自己，证明艾森医生的康复证明是真的。他在演讲中说道："我一生中重要的箴言是'记住，你将死去'。"

当时在现场的人听到这句话，并没有什么强烈的反应。但是之后却被很多人拿来反复揣摩。因为这句话，有很多打算撤资的人停止了撤资，甚至还有一些人向苹果公司进行了投资！

苹果之父乔布斯

为什么会有这么多人在意乔布斯随口说的这句话呢，这句话对普通人来说就是普通的一句话，但是对那些没有信心投资的人来说，其中就包含着强烈的暗示。

因为每个人或早或晚都会离开人世，乔布斯也不例外。当乔布斯把这个事实摆在人们的眼前时，有一部分非投机性投资的人就会定下心来，他们的目光会从乔布斯的身上转移到苹果公司上。

乔布斯知道自己不可能永远都像现在这样时刻保持充沛的精力，所以他想让大家有一个心理准备。让那些投资者明白一点，投资不能押在一个人身上，不然将来就可能面临着失望的处境。

他用另一种方式告诉人们，他们并不是投资在乔布斯这个人身上，而是投资在苹果公司。若是有一天自己真的离开人世，投资人并不会因为他的离世而撤资，这对苹果公司来说是最好的消息。

乔布斯的这次演讲看起来像是给学生们进行了一次演讲，但实际上这就是一场精心策划的营销策略。在演讲中，乔布斯还说了另外一句话："没有人愿意去死，即使天堂美好。"

他的求生欲表现得越强，人们对他产生的敬仰就会越深，人们觉得苹果公司的灵魂人物在用另一种方式告诉他们："虽然我的生命总有一天会结束，但是我现在不想死。"

乔布斯依靠自己强大的思维能力和对投资者心理的精准

把握，让这次在斯坦福大学的演讲获得了很大的成功。仅仅一句话，就让苹果公司躲过了一次大风险。

成长加油站

无论做什么事情，都要把事情做到极致。不管这件事情多么艰难，或者多么琐碎，只要用心钻研，最后的结果都是值得的。在此前提下，保持健康的身体和生活方式是必不可少的。我们要明白的是，不管事业有多么成功，身体健康才是最重要的。

延伸思考

1. 乔布斯在斯坦福大学主持演讲的目的是什么？

2. 为什么说乔布斯的身体状况关系着苹果公司的前途和命运？

第十八章　病魔缠身

2010年6月,乔布斯因为病症的发作不得已卧病在床,他的儿子高中四年级,即将有一场毕业典礼。虽然乔布斯躺在病床上,但是他对儿子的这场典礼非常期待。

乔布斯的儿子名字叫里德·乔布斯。他和父亲有很多的相同之处,比如他叛逆,有着良好的洞察力,这一点和乔布斯十八岁时非常相似。除此之外,两个人还是有不同的地方的,里德遗传了母亲的同情心,这是乔布斯没有的品质。

在病痛折磨乔布斯的时候,会让他的情绪非常低落,甚至有些抑郁。这个时候,只有里德能让乔布斯的心情好转。看到里德,他心里的阴霾也就一扫而光了。

乔布斯和里德的感情非常深厚,虽然在外人的眼里,乔布斯是一个没有感情的商人,但是在里德的眼里,父亲只是对自己公司的产品非常热情。

在乔布斯查出有癌症之时,里德就留在了斯坦福肿瘤实验室实习,想要通过DNA的排序找出肠癌的基因标志。终于在一次又一次地尝试中,他找出了基因变异与家庭成员之间

的联系。

乔布斯曾说过:"自从我的身体出现不好的状况之后,情绪就一直很低落。每当这时,里德总是能花很多时间和优秀的医生在一起做医学研究,这一点让我感到非常欣慰。"

里德在中学班级里做了一场高年级的报告会,他的家人就坐在观众席,乔布斯也坐在下面。后来乔布斯在回忆那个场景的时候说道:"我的脑海里经常会浮现出一个画面,将来里德和他的家人住在帕罗奥图这个地方,每天会骑自行车去斯坦福上班。"

2009年,乔布斯身体的情况开始恶化。面对着父亲的病情急剧恶化,里德似乎一夜之间就长大了,他开始负起男人的责任,照顾两个妹妹。

2010年春天,乔布斯的身体状况逐渐稳定下来,里德看着父亲的病情好转起来,放下了心中的包袱,又像孩子一样活泼起来。

有一天,一家人坐在一起吃晚饭,里德和家人说道:"我想带着女朋友共进晚餐,但是并不知道选在哪个地方。"

乔布斯笑着说:"当然是要去伊尔弗纳奥餐厅了,那是帕罗奥图高级餐厅的代表。"

"但是我没有订到位子。"里德说道,"他们家的生意实在是太火爆了。"

乔布斯想要给他解决这个问题,但是被里德拒绝了:"就让我一个人处理吧。"

从这件小事中能够看得出,他的个性和乔布斯有点相

似，遇到问题时喜欢通过自己的能力和方法去解决。

艾琳是家里的老二，性格有一点内向。她腼腆地和哥哥说道："你可以在家里的花园里搭建一个帐篷，我会和妹妹伊芙给你提供一场浪漫的晚餐。"

里德听了艾琳的意见，觉得非常不错，他站起身来，给了妹妹一个大大的拥抱。

在一个普通的周六，里德参加了电视台举办的比赛。当时除了最小的妹妹伊芙去参加了马术表演，全家包括乔布斯在内的人全都来看他的比赛。乔布斯戴着帽子坐在人群中，尽量不引起别人的注意，但他的穿着还是引起了别人的注意。

接着就过来很多人给他照相，无奈之下，乔布斯连忙躲开了人群。当里德上场的时候，姓名牌子上写的是"里德·鲍威尔"。比赛结束后，主持人采访里德将来长大后的志向，里德斩钉截铁地说道："我将来的志愿是研究癌症。"

乔布斯赶上了里德的毕业典礼，他在台上兴奋地说道："我的儿子今天就要毕业了，这是我一生中最快乐的时光！"

当天晚上，乔布斯邀请了一些好友来到家里为里德举行派对。里德欢快地和大家一起跳舞，和父亲一起跳舞。派对结束后，乔布斯带着里德来到了仓库。

里德跟着父亲来到仓库后，就看到有一台非常崭新的自行车摆在自己眼前。

"谢谢爸爸！非常感谢你送给我的毕业礼物！"里德激动地说道。

乔布斯拍拍他的肩膀，骄傲地说："你不必感谢，因为你的身体里流淌着我的血液！"

乔布斯和儿子的感情非常好，对两个女儿有些疏远。小女儿有些内敛，常常在乔布斯发火的时候不敢靠近他；大女儿的身上散发出成熟的魅力，她觉得自己将来长大能够成为一名建筑师。

艾琳想当建筑师的愿望是受到父亲的影响，因为父亲对这个领域非常感兴趣，但是乔布斯却没有注意过这些。在他心里，她们两个就是没有长大的小女孩儿。

2010年春天，艾琳希望父亲能够坐着他的私人飞机去参加奥斯卡颁奖典礼，和父亲一起走红毯，但是这个要求被乔布斯拒绝了。

2008年的时候，艾琳13岁，她想要到京都去旅游，但是这个时候乔布斯的病情已经恶化，不得不取消这个计划。他答应艾琳2010年时会给她补上，但是到了2010年，乔布斯并没有履行自己的承诺，这一点让艾琳有点失望。

艾琳的母亲看出她的心事，为了安慰大女儿，就带着她去了法国。

7月初，全家一起去了夏威夷度假。但是这个时候公司的产品iPhone4发生了的一点危机，加上乔布斯的牙疼不止，只好自己一个人先回国了。

回国之后，乔布斯开了一场紧急发布会，结束之后就匆匆赶回了夏威夷，这一点让艾琳非常开心。一家人又从夏威

夷一起去了日本。

20年前，乔布斯就带着另外一个女儿丽萨来过这里，当时的丽萨和现在的艾琳差不多大。在丽萨的记忆里，最难忘的是和父亲一起吃美食，也是她和父亲在一起最轻松愉快的一次。

这次全家一起的京都旅行，让艾琳既开心又满足，因为这让她和父亲之间的关系又亲密了许多。

小女儿虽然性格有些内敛，但是她骨子里自信倔强。她最喜欢的户外运动是骑马，一度下定决心要到奥运会上参加比赛。这点是乔布斯欣赏她的地方。

乔布斯曾说道："伊芙虽然年龄小，但是她是我见过最要强的孩子。"这种个性和乔布斯非常相似。他甚至觉得伊芙比自己还要敏感。

"她太聪明了，而且非常敏感，这样的个性会让别人对她产生距离感。"乔布斯这样评价小女儿伊芙。

劳伦是乔布斯的妻子，虽然两个人偶尔也会发生一些摩擦，但是对彼此确实绝对真诚的。两个人的性格很互补，劳伦不仅善解人意，而且非常有同情心。

劳伦在乔布斯的印象当中总是安安静静的，她会把家打理得井井有条，默默地参加公事。但是在面对医疗事

第十八章　病魔缠身

物时又会非常的有自我意识。

两个人刚结婚的时候，劳伦与合伙人创办了一个叫"直通大学"的项目。项目成立的主要目的是帮助家庭困难的学生完成高中和大学的学业。乔布斯对妻子的事业非常欣赏。但由于他看不上这种慈善业务，所以他并没有参加过妻子组织的活动。

成长加油站

一个人追求成功固然重要，但是在此过程中，一定要注意自己的身体健康。无论有多少金钱，都不能换来一个健康的好身体。没有了健康，就谈不上什么理想和追求。身体健康和心理健康都是世界上最宝贵的财富。在生活中，我们要多加锻炼，保持健康的好身材。

延伸思考

1. 乔布斯得病之后，身心发生了什么变化？

2. 是什么让乔布斯的儿子里德得到了成长？

第十九章 最后时光

2010年2月,乔布斯迎来了自己55岁的生日。在生日这一天,他好好地享受到了和孩子们在一起的温暖时光。他认为自己的身体已经康复了,所以要尽快地回到工作岗位中去,但是妻子认为他应该多陪陪家人。

2011年8月,乔布斯的身体出乎意料地不断恶化。在25日这一天,乔布斯不得不辞掉公司CEO的职位。病痛的折磨让他不得不放下自己的公司。

在辞职信中,乔布斯说道:"我当初和你们说过,不管什么时候,只要我不再担任公司的CEO一职,我都会第一时间通知你们。没想到这一天来得这么快。公司新的CEO将由蒂姆·库克担任。"

虽然在辞职信中,乔布斯并没有说自己的病情。但是公司人员的心中都明白,乔布斯的病情不容乐观。不然以他的性格,是不会轻易离开工作岗位的。

乔布斯离开公司之后,整个公司就变得糟糕,这完全超出了乔布斯的想象。

第十九章 最后时光

在整个苹果公司，乔布斯是员工们的精神支柱。董事会非常担忧乔布斯的身体状况，他们害怕乔布斯的身体状况如果对外公布出去，公司会再次出现股票下跌的情况。

《华尔街日报》在一篇报道中写道："乔布斯的心电图就像是苹果公司的股票情况，他的健康曲线图就像股票的走势图。"可以折射出乔布斯在苹果公司的地位是如此之深，影响力非常大。

乔布斯的身体状况自从公开之后，人们就对苹果公司的股票非常关注。发生这种情况的主要原因，是因为公司的员工甚至所有的美国人都把乔布斯和整个苹果公司画上了等号。

所有的人都会认为，乔布斯在，苹果公司就在；乔布斯不在了，苹果公司也就不在了。如今的乔布斯已经不是一个人，而是一种精神存在。

乔布斯在离职之后，苹果公司的股票下跌了6%，公司丢了将近200亿美元市值。

苹果公司的新任CEO蒂姆·库克接任时51岁，当时已经在苹果公司工作有13年了。他和乔布斯的个性相反，他性格温和，做事从容，和乔布斯的做事风格形成了鲜明的对比。

库克曾经在IBM公司工作过有12年多的时间，后来在1998年，被乔布斯亲自招募到苹果公司来，和乔布斯已经是很多年的搭档了。

他刚刚进入苹果公司，就把公司整体做了大幅度地调整。库克提出建议，把生产包给第三方制造，不仅缩减投入

成本，还能提高利润。这种有效的举措受到乔布斯的赏识。

乔布斯看中了他的运营能力，2000年开始让他负责全球电脑销售。他并没有让乔布斯失望，在他的接手之下，苹果公司的专卖零售店遍布了全球很多国家和地区。

库克曾经说过一句话："要像做奶制产品一样管理公司，如果过了保质期，问题就来了。"1999年底，公司的库存周转率从原来的31天变成2天，让公司拥有了可以和戴尔相媲美的管理效率。

乔布斯一直认为库克是自己招来的所有员工里面最好的员工。库克一心辅佐乔布斯，做产品幕后的运营者，全力支持乔布斯。库克的表现让他在苹果公司最危险的时候成为替代乔布斯的最佳人选。

2004年，乔布斯第一次住院休息，库克就被任命为临时CEO。2009年，乔布斯第一次做肝脏手术，2011年初，乔布斯病情恶化，都是库克接任的临时CEO角色。

在这段期间里，苹果公司所有的合作伙伴并没有任何变化，公司也在正常运行当中。在多年的合作当中，库克和乔布斯的关系已经逐渐成了一组"黄金搭档"。

对外界来说，乔布斯已经成为了苹果公司的领袖，他和苹果公司已经融合成了一个整体。虽然很多人都知道乔布斯在工作当中追求完美，甚至相当苛刻，但是正因为乔布斯有这种钻研的精神，才出现了iPod和iPhone这些先进的创新产品。

在这种情况下，库克上任之后就会面临一个问题，那就

是不管将来产品出了什么样的问题，都会由他来背黑锅。

iPhone4出产时，天线信号出现问题，外界就已经对他的能力产生了怀疑。但是，那时乔布斯并没有完全离开公司，所以在两个人的合作之下，这个问题很快就解决了。

如果iPhone5出现问题，库克也可以和乔布斯来共同完成，但是乔布斯不能一直都帮着苹果公司和库克解决问题。很多人都觉得库克可以带领苹果公司正常运营，只是不能像乔布斯一样为公司带来奇迹。

如今的苹果公司已经不再是以前的苹果公司了，它现在要面临的问题非常严峻。公司里的一些优秀员工都是冲着乔布斯去的，如今乔布斯卧床不起，这些人也要离开了。

和预想的一样，3月份，负责Mac软件的副总裁伯特兰·塞莱特离开了苹果公司；6月份，零售业务创办人之一罗恩·约翰逊跳槽，iClou主管也离职了。

苹果公司第一次迎来了大范围的人才流失。不仅如此，公司外部也迎来了对手的挑战。大家都觉得虽然在日后的两三年，苹果公司还能保持领先地位，但是在之后的时间里，就会重新回到PC时代的地位。

有一些人觉得乔布斯就是苹果公司的灵魂，苹果公司失去了乔布斯就像失去了灵魂，公司所生产出来的产品也将失去灵魂。但是还有一部分人觉得，苹果公司就算是没有了乔布斯，新上任的高层依然能把公司正常运行下去。只要创新

苹果之父乔布斯

的精神在，苹果公司就会一直在。

虽然乔布斯宣布离职之后，苹果公司的股票就下跌了6%，但是从投资者的情绪波动方面来看，苹果公司会再次稳定下来。

2010年11月，乔布斯能够康复的迹象完全消失了，他开始进入病情的恶化时期。疾病给乔布斯带来全身的疼痛，他每天只能靠医护人员进行静脉注射来维持身体的营养。

当初在工作上那个强悍的乔布斯如今被病痛折磨得消失的无影无踪。他并不是一个能够独自一人默默忍受疼痛的人，所以他经常不停抱怨，慢慢地大家也就习惯了他的坏脾气。

感恩节的时候，家人带着乔布斯到康纳度假村过节。当时人们都在一个房间里就餐，乔布斯因为身上的疼痛不停地抱怨，摆在眼前的食物一点都没吃。大家假装没有看到他的举动，以免引起他的不适。

感恩节结束之后，一家人回到帕罗奥图。乔布斯的情绪变得越来越不稳定，大家都不知道怎么和他相处。

乔布斯心里知道自己没有多长时间了，他流着眼泪和孩子们说："爸爸以后可能没法给你们过生日了。"

乔布斯不仅情绪变得糟糕，体重也开始变得越来越轻。但是，当他的妹妹带着孩子来到帕罗奥图度假时，乔布斯的精神状态好了许多。甚至在圣诞节这几天里，他还能自己起身吃晚饭。在假期里，孩子们去滑雪了。妻子和妹妹在家里轮流照顾乔布斯，让他感受到了家人的温暖，给了他精神上的慰藉。

第十九章　最后时光

但是好景不长，2011年新年刚过，乔布斯的身体状况直线下降。

医生经过给乔布斯的检查，发现了他身体里长了新的肿瘤。乔布斯的食欲也开始下降。

癌症会让他感觉到疼痛，止痛药又会让他降低食欲，胰脏切除手术又让他的消化系统出现了问题，此时的他陷入了一个恶性循环。在这种情况下，乔布斯几乎陷入了抑郁的状态。

成长加油站

乔布斯精益求精的个性和不怕失败的顽强精神，使自己成了苹果公司的精神领袖。在公司宣布他的生命进入倒计时阶段之后，公司从里到外发生了巨大的改变。一个人的影响力之大是想象不到的，想要成为人上人，就要比别人付出百倍的努力。在你身处困境和病痛中时，只有家人会无条件的关心照顾你，给予你关爱和动力。

延伸思考

1. 乔布斯病情公开之后，苹果公司发生了哪些变化？

2. 对于苹果公司来说，乔布斯的存在意味着什么？

第二十章　与世长辞

乔布斯在年轻的时候，曾经因为禁食获得过快感，禁食也严重影响了他的食欲。医生建议他要吸收高质量的蛋白质，但是乔布斯的潜意识里拒绝任何事物，就像回到了年轻时禁食的那个阶段一样。妻子把一切都看在眼里，不停地劝慰乔布斯要配合医生的治疗。

劳伦对乔布斯说道："你必须要配合医生，摄取高质量的蛋白来提供你的身体营养。你现在这种禁食的情况简直太疯狂了！对你一点好处都没有。"

乔布斯就像没有听到这些话一样，低着头发呆，不知道在想着什么。每当这个时候，劳伦都会特别生气。回想起这段过往，劳伦说道："我常常逼着他想让他吃点东西。家里因为他，气氛都变得非常紧张。"

在这种情况下，妻子劳伦求助了多个进食问题的专家和精神专家，但是乔布斯对他们一概不见。极端的乔布斯觉得自己身体的状态并不是一些食物就能够挽回的。

乔布斯让病痛折磨得开始情绪化，他经常和身边的人哭

诉自己就快要死了，并且在情感方面，乔布斯也开始变得脆弱。谁都不会想到，曾经叱咤商业的大佬如今会变成爱哭鼻子的人。

2011年1月，乔布斯不得不面对现实，他给董事会打了电话，说自己要去度假，这次电话只持续了3分钟就挂断了。这时董事会的成员心里就对乔布斯身体即将会发生的情况有了心理准备。

乔布斯此时已经患上了很多疾病，他的主治医生包括肿瘤学家、血液学家、肝脏学家、疼痛专家和营养专家。乔布斯曾经在苹果公司时，所有的工作都是有秩序的，而如今自己的身体状况却杂乱无章。

劳伦把这些专家都请到家里，让他们制定一个治疗方案，并把这些治疗方案有程序地安排出来，她并不担心金钱方面的问题。

乔布斯是最早接受排序治疗的20人中的一员。在这场和癌症比赛的治疗过程中，乔布斯花了10万美元的费用。

2011年5月，乔布斯在儿子里德的陪同下，把这些医生召集起来开了一次会议，这次会议时长达到了3个小时。

乔布斯的主治医生说乔布斯的癌症能够成为可控的慢性病，直到最后死于其他的问题。乔布斯非常坚决地表明了自己的态度："要么我就是最先跑赢这种癌症的人，要么我就是最后死于这种癌症的人。"由此可以看出，乔布斯此时的思想非

苹果之父乔布斯

常极端。

劳伦听取乔布斯的想法，列出了一个能够在生命最后的阶段中可以会见的人，他不想把多余的精力浪费给外人。他要在人生最后阶段里，好好陪陪自己的家人。

能够和乔布斯会面的人是他创业几十年生涯中最重要的三个伙伴，一个是苹果公司董事比尔·坎贝尔，一个是迪士尼CEO罗伯特·伊格尔，还有一个是风险投资人约翰·多尔。

这些人是乔布斯生意上密切的合作伙伴，也是他创业生涯中最好的朋友。在乔布斯生命的最后阶段，还有一个人他始终不能原谅，那就是他的亲生父亲。他的父亲提出想要见他最后一面的请求，但是被乔布斯坚决拒绝了。

在生命最后的一段时间里，乔布斯除了见最亲密的朋友之外，那些见证也陪着他书写传奇人生的人，也是他十分看重的。乔布斯这种选择性的见面，唯一的原因就是他不仅要在自己活着的时候创造价值，也要在自己死了之后让自己成为百世传奇。

乔布斯曾经多次提过如果有一天自己过世的话，想留下什么样的遗产，下面是他自己的原话：

我听有些人说过"消费者想要什么就给什么。"这不是我的做事方式。我要做的是比他们提前想一步将来他们需要什么，因为人们从来不知道自己想要什么，直到你把未来需要的东西摆在他们眼前的时候，他们才知道这是不是他想

要的。

还有一些人说我性格残暴，我不这么认为。如果谁做错了什么事情，我会当面直接和他说。我很清楚我在说什么，而事实证明，我所说的话都是对的。

虽然我知道有时候对别人没有必要那么严厉，但是我还会对那人非常严厉。我记得在里德6岁的时候，他回到家里。那天我刚好解雇了公司的一个人，看到里德时我突然想到，一个人该怎么告诉他的孩子自己失业了，这一定会特别困难。但是为了确保我团队始终是优秀的，我必须要这么做。如果我不去这么做，没有人会这么做。

2011年10月5日，这个日子看起来如此平静，但是对苹果公司和乔布斯的家人来说是个非常特别的日子。乔布斯的身体开始变得越来越虚弱，在睡梦之中，他看到了童年的自己，少年的自己和青年的自己。还有，创业的经历也开始浮现在他的眼前。乔布斯一动不动地躺在床上，看着模糊的身影在自己身边忙个不停，但是却觉得房间如此安静。他抬起头，看到自己的孩子们在病床前排成一排，他想要张口和他们说话，但是却发不出任何声音。突然，心电图停止波动，乔布斯的生命被永远地定格在了这一刻。

2011年10月7日，乔布斯的葬礼秘密举行。为了尊重家族隐私，他们家庭只邀请了几个人来参加乔布斯的葬礼。

乔布斯去世后，苹果公司第一时间在网上发布了消息："苹果公司失去了一位有创造力的天才。"得知乔布斯去世

苹果之父乔布斯

的消息后，美国一时间笼罩了一层浓厚的悲伤氛围。

在美国人的印象当中，乔布斯总是穿着牛仔裤和黑色套头毛衣。这个看似平凡的人，却给世界带来了新的改革。乔布斯的一生都在不断地创新。

苹果电脑、数字电影、数字音乐和无线互联网这四个产业，续写了乔布斯传奇的一生。他勇敢无畏和创新精神正是20世纪80年代的人们所需要的，他做了人们不敢尝试的事情，成为人们的精神领袖。

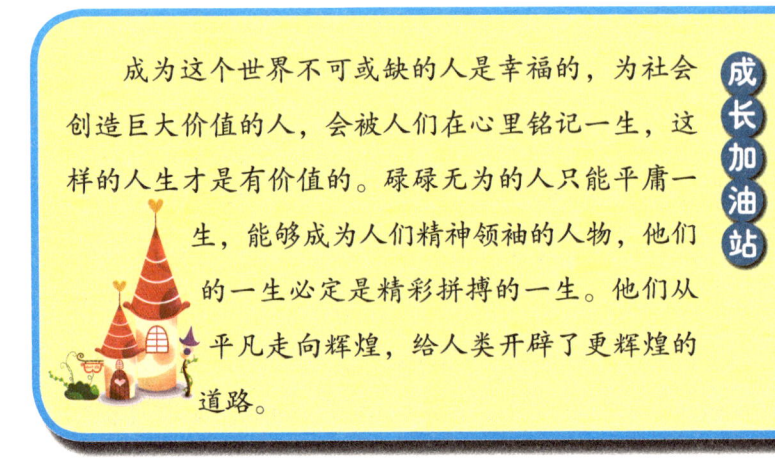

成长加油站

成为这个世界不可或缺的人是幸福的，为社会创造巨大价值的人，会被人们在心里铭记一生，这样的人生才是有价值的。碌碌无为的人只能平庸一生，能够成为人们精神领袖的人物，他们的一生必定是精彩拼搏的一生。他们从平凡走向辉煌，给人类开辟了更辉煌的道路。

延伸思考

1. 乔布斯能够影响世人，他的哪些品质值得我们去学习？

2. 乔布斯去世，为什么苹果公司以及美国民众都陷入悲伤之中？